古典文獻研究輯刊

初 編

曾永義 主編

第 25 冊

月宮故事研究

鄭慧如 著

國家圖書館出版品預行編目資料

月宮故事研究／鄭慧如 著 — 初版 — 台北縣永和市：花木蘭
文化出版社，2010〔民99〕
目 2+168 面：19×26 公分
（古典文學研究輯刊　初編：第 25 冊）
ISBN：978-986-254-387-0（精裝）
1. 民間故事　2. 研究考訂
539.52　　　　　　　　　　　　　　　　　99018495

ISBN - 978-986-2543-87-0

9 789862 543870

古典文學研究輯刊
初　編　第二五冊　　　　　　　　　ISBN：978-986-254-387-0

月宮故事研究

作　　者	鄭慧如	
主　　編	曾永義	
總 編 輯	杜潔祥	
出　　版	花木蘭文化出版社	
發 行 所	花木蘭文化出版社	
發 行 人	高小娟	
聯絡地址	台北縣永和市中正路五九五號七樓之三	
	電話：02-2923-1455／傳眞：02-2923-1452	
網　　址	http://www.huamulan.tw 信箱 sut81518@ms59.hinet.net	
印　　刷	普羅文化出版廣告事業	
初　　版	2010 年 9 月	
定　　價	初編 28 冊（精裝）新台幣 45,000 元	版權所有・請勿翻印

月宮故事研究

鄭慧如　著

作者簡介

　　鄭慧如，1965 年 4 月生於台北。1983 年入政治大學中國文學系，1990 年獲政治大學中國文學研究所碩士學位，1995 年獲政治大學中國文學研究所博士學位。2003 年至 2007 年主編《台灣詩學學刊》。2004 年起擔任逢甲大學中國文學系教授迄今。目前兼任《興大中文學報》、《當代詩學》編輯委員。

　　著有《現代詩的古典觀照》、《身體詩論》、《台灣當代詩的詩藝展示》、《月宮故事研究》等。

提　要

　　本文以月亮為可居住的星體，考察以月宮為素材的敘事文體：諸如神話、傳說、小說、民間故事等，旁及於拜月風俗。

　　正文凡分五章。首二章探討月宮神話，先從邊緣考察神話中之諸月神及其與嫦娥之聯系「顧菟在腹」之語義及深層文化含義，校釋、爬梳由語言訛誤而產生的歧義，並由初民之思維方式解析神話葛藤。次從中心考察嫦娥奔月，由符號學及傳播學角度詮釋本屬羿神化分結構的奔月神話；就天文、曆法及道德上的含義，勾勒姐娥與嫦娥的梗概關連；再論述奔月神話如何統攝其他月宮神話、如何做為後世文學創作之本。後三章討論小說、民間故事中之月宮故事，及拜月之傳說與風俗。一則出於月宮傳說零星片斷，不足成章；二則月宮傳說實與八月十五拜月風俗密切相關，故本文一併置於末章，以資考查風俗沿革。而小說與民間故事均就內容析論其情節單元，並按主題以歸類屬，分兩章討論。其中，小說為放懷落紙之文人創作，故著眼於敘事模式及美學探索；民間故事為口傳心授之口傳文學，故偏重於社會性及民族性之討論。

目次

第一章　緒　論

第一節　研究動機與範圍

一、研究動機

　　民國七十七年春，筆者偶然翻閱到出石誠彥〈上代中國の日上月の說話について〉〔註1〕及屈育德〈日月神話初探〉〔註2〕二文，發現月亮神話來源較太陽神話曖昧難明，份量也遠不如太陽神話，而近人如杜而未卻把老子思想、《山海經》神話系統等逕歸諸月神宗教，〔註3〕引起筆者一窺堂奧的興趣。後讀沈謙〈嫦娥應悔偷靈藥〉、〈月裡嫦娥今昔觀〉〔註4〕及袁珂〈嫦娥奔月神話初探〉，〔註5〕遂由月亮縮小至月宮，此爲研究源起。若更深究研究動機，則可分價值動機及學術動機二方面：

　　月是農耕民族信仰的母神，由月之盈虧轉化爲對不死、再生的信念，及由月之陰影類比爲月中有物，產生月宮故事。此故事經民庶民百姓的附會增

〔註1〕參見出石誠彥《中國神話傳說の研究》頁75～89，中央公論社。
〔註2〕此文收於《民間文學論壇》1986年五期，頁13～20。
〔註3〕參見杜而末《崑崙文化與不死觀念》，民國74年4月三版；《山海經神話系統》，民國73年4月四版；《老子的月神宗教》，民國73年5月再版。以上均由台北學生書局出版。
〔註4〕此二文收於沈謙《神話、愛情、詩》，頁115～121、123～131，台北，尚友出版社，民國72年9月初版。
〔註5〕此文收於袁珂《神話論文集》頁132～147，台北，漢京文化事業有限公司，民國76年元月初版。

飾與文人雅士的生花妙筆，不但增添了情節的量，改變了角色性情的質，甚至形成中秋風俗，此爲價值動機。

李艷梅《唐詩中月神話運字之研究》〔註6〕以月宮爲研究對象，範圍鎖定唐詩，考察唐詩中月神話運用心理與方式，加以歸納、分析。筆者踵武之而轉向更廣泛的故事研究，以提供後繼者研究月宮故事的踏腳石。此爲學術動機。

二、研究範圍

本研究既定「月宮故事」，乃不同於月亮故事，月亮故事將月亮視爲人格神或可居住的星體，範圍較廣；月宮故事僅將月亮視爲可居住的星體，範圍較窄。故以題材而言，如嫦娥、蟾蜍、玉兔、吳剛、桂樹、唐明皇等曾住月宮或遊月宮者，即爲研究範圍，旁及於拜月風俗；但是月蝕故事便排在範圍之外。

其次，所謂「故事」指敘事體裁而言，如神話、傳說、小說、民間故事等；非敘事體裁的文體如詩、詞、戲劇等僅作旁證、參考，以免因範圍過於駁雜，使研究窮於介紹而疏於深入，此有別於筆者所見之故事研究，〔註7〕亦爲筆者之預存立場。

第二節　重要名詞之界義

一、神話、傳說、民間故事之界義

基本上我們話已肯定神話、傳說、小說、民間故事爲敘事文體，其次便是應不應該進一步界義的問題。嚴格說來，定義是詞典的工作，除非研究者認爲有助於推論時眉目清楚，否則大可不必逐家介紹。但是爲使讀者明白傳統定義在本研究中的運用，避免文體混淆，將以圖式綜合前人研究神話、傳說、民間故事之界義，以導出筆者對於神話、傳說、民間故事之界義。至於

〔註6〕 李艷梅《唐詩中月神話運用之研究》，輔仁大學中文所碩士論文，民國78年1月。
〔註7〕 例如潘江東《白蛇故事研究》，文化大學中文所碩士論文，民國76年、楊振良《孟姜女故事研究》，師範大學中文所碩士論文，民國70年等，均資料豐富，惜未暇分析。曾永義〈潘江東的白蛇故事之研究〉曾論潘文利弊，可爲後學借鏡。文收於曾著《說俗文學》頁153～158，台北，聯經出版事業公司，民國73年12月版。

小說，本文蒐集的以明清小說爲主，不易混淆，故不下界義。

（一）神話之界義

魯迅以來的學者，分別由神話的時空舞台、來源、內容、思想、形式著手，爲神話界義：（見表一）

依此，神話所涵蓋的界義爲：

1. 神話源自對天地萬物的解釋，並以此爲內容。
2. 神話的時空舞台在遠古、非現實空間。
3. 神話的思想是由好奇、信仰或敬畏而生的幻想，此幻想仍植根於現實生活。
4. 神話的形式是口耳相傳。

（二）傳說之界義

傳說承襲神話而來，與神話有先後關係，也常混淆不清。茲舉數家學者之說以明大要。（見表二）依此可得傳說之界義爲：

表一

學　者	界　　　　　義	切入角度
魯　迅	昔者初民，見天地萬物，變異不常，其諸現象，又出於人力所能以上，則自造眾說以解釋之；凡所解釋，今謂之神話。〔註8〕	時空舞臺、來源、內容
范煙橋	蓋初民感於天地萬物之變化，科學研究力之幼稚，一切皆歸神力。於是神之一物，成爲思想中樞，彼此驚詫，流爲神話。〔註9〕	時空舞臺、來源、內容
孟　瑤	初民對這些大自然的現象產生了許多天眞而樸素的解釋，以及企圖征服大自然的美麗幻想。這，便是神話的起源。〔註10〕	時空舞臺、來源、內容
張光直	凡是一民族中根據古代的典型人物事件的「史實」，解釋當代的制度，表露人性的理想的故事，爲該民族的成員所堅信，並爲其行爲之根據，但爲較進步的他人（如我們社會中的科學家）所否定而不信者，都是神話之材料。〔註11〕	內容

〔註8〕見魯迅《中國小說史略》頁22。
〔註9〕見范煙橋《中國小說史》頁3，台北，漢京文化事業有限公司，民72年9月初版。
〔註10〕見孟瑤《中國小說史》頁1，台北，傳記文學出版社，民國69年10月再版。
〔註11〕見張光直〈中國創世神話之分析與古史研究〉，《中央研究院民族學研究所集

劉大杰	遠古的神話，都是原始社會人們集體的口頭創作。在有文字以前，已經廣泛地流傳在人們的口頭。它們流傳日久，使得故事的內容複雜化系統化美麗化，而成為初民在日常活動過程中，對於自然現象的解釋，對於自然現象的奮鬥和願望，以及全部神會生活在藝術概括中的反映。〔註12〕	時空舞臺、形式、內容、來源
袁 珂	一般說來，神話乃是自然現象，對自然底奮鬥，以及社會生活在廣大的藝術概括中的反應。換句話說，神話的產生，也是基於現實生活，而並不是出於人類頭腦裡的空想。〔註13〕	內容、來源
譚達先	如果用現代的口語說得簡要些就是：古代人們為了表達他們自己企圖認識自然、征服自然，思想願望、奮鬥業蹟，表達對於社會生活的認識，對於自然現象的解釋，通過幻想虛構成的神奇的口頭故事，便叫神話。假如說得嚴密和科學一些，神話就是自然界和社會型態在原始社會人民不自覺的藝術幻想中的反映，也是當時生產力低下的人們企圖支配自然的一種結果。〔註14〕	時空舞臺、來源、內容、思想
劉葉秋	古代神話，不只表現了人們對自然的理解和要求，還寄託著征服自然、追求福祉的願望，廣闊的社會生活，也往往被概括在神話的藝術形象中。〔註15〕	時空舞臺、內容
王孝廉	神話是古代民眾以超自然性威靈的意志活動為底基，而對周圍自然界及人文界諸事象所做的解釋或說明的故事。〔註16〕	時空舞臺、來源、內容
林惠祥	人類為要探求宇宙萬物的祕奧，便由離奇的思想形成了所謂神話，所以神話便是由於實在的事物而生之幻想的故事。〔註17〕	
袁 珂	神話的意義或說是「關於宇宙起源，神靈英雄等的故事。」（A.Lang），或再詳譯為「關於自然界的歷程或宇宙起源、宗教風俗等的史談。」（H.Hopkins, R.H.Lowie）。〔註18〕	思想、來源、內容
玄 珠	原來初民的知識的累積，其中有初民的宇宙觀、宗教思想、道德標準、民族歷史最初的傳說，並對於自然界的認識等等。〔註19〕	時空舞臺、內容、思想

刊》第八期，頁72，民國48年秋。

〔註12〕見劉大杰《中國文學發展史》頁13～14，台北，華正書局，民國66年5月。

〔註13〕見袁珂《中國古代神話》，收於《中國古代神話甲編三種》頁1，台北，里仁書局，民國71年8月。

〔註14〕見譚達先《中國神話研究》，前揭書頁2。

〔註15〕見劉葉秋《魏晉南北朝小說》頁21，台北，木鐸出版社，民國72年9月初版。

〔註16〕見王孝廉《中國的神話與傳說》頁1，台北，聯經出版事業公司，民國66年2月初版。

〔註17〕見林惠祥《文化人類學》頁324，台北，商務印書館，民國70年9月台七版。

〔註18〕見林惠祥《神話論》頁1，台北，商務印書館，民國57年7月台一版。

〔註19〕見玄珠《中國神話研究》，收於《中國古代神話甲編三種》頁2，台北，里仁

表二

學　者	界　　　　義	切入角度
魯　迅	迨神話演進，則爲中樞者漸近於人性，凡所敘述，今謂之傳說。傳說之所道，或爲神性之人，或爲古英雄，其奇才異能神勇，爲凡人所不及。〔註20〕	起源、內容
譚達先	神話的主人公是神，或半人半神，他的狀貌、才能、功業，具有誇張怪異因素，充滿浪漫主義色彩；傳說的主人公則是人，他的狀貌、才能、功業，雖具有想像虛構的因素，可以具有較多的浪漫主義色彩，但是更接近人間。〔註21〕	內容
袁　珂	神話漸漸演進，作爲神話裡的主人公漸接近於人性，敘述這漸接近於人性的主人公的事蹟的，就是所謂傳說。總而言之，神話和傳說的不同，是傳說已隨著文明的進步，漸排斥去神話中過於樸野的成分，而代以較合理的人情味的構想與安排。〔註22〕	起源、內容、時空舞臺
劉大杰	傳說故事，產生較晚，大都是敘述古史事蹟和英雄行爲。〔註23〕	時空舞臺、內容

1. 傳說吸收神話內容以爲起源。

2. 傳說內容趨人間化。

3. 傳說的時空舞台晚於神話。

此外，李子賢謂傳說具有歷史性、可信性與傳奇性三特徵，〔註24〕可作傳說內容趨於人間化的補充。

（三）民間故事之界義

民間故事指涉的內涵意義，歷來學者欠缺比較明確的界定。宣鈞奎由功能、內容、產生時期劃分神話、傳說、民間故事時，曾說：

> 在民間故事裏面，社會性的脈胳狹隘……民間故事是渺渺茫茫的講誦。譬如說：很古很古以前在某個地方發生的某事件。這等事件不認爲是歷史的事實，而且也不認爲是給世界的實像傳達重要的眞理，而是某事件之內容所展開的娛樂性的興趣或教訓性的規格之顯

書局，民國71年2月。

〔註20〕同註8。

〔註21〕同註14。

〔註22〕同註13，頁9～10。

〔註23〕同註12，頁21。

〔註24〕參見李子賢〈試論神話與傳說的區別〉，收於《山茶雜誌》，民國73年3月。

現。……民間故事只敘述渺茫的時代和場所，不一定真實，而主要
是以娛樂或教訓爲目的的故事。〔註25〕

所謂「社會性的脈胳狹隘」恐有待斟酌，因爲基本上民間故事反映庶民百姓
的日常生活，傳達庶民百姓的理想、信念、情感、價值感等，社會性脈胳深
廣。洪淑苓界義民間故事，兼顧特色、起源及內容，今取之：

  （1）民間故事之起源，有的取材於民間日常生活，有的則取財於古近神
　　　　話或傳說。就後者而言，它可能徵用神話或傳說的主角，或者事
　　　　件。……

  （2）民間故事之內容，由於主角人物之不確定，所以故事的舞台時間可
　　　　近可遠，空間也無所限制。……

  （3）以神話爲基型的傳說，因時因地而有不同類型的傳說，但民間故事
　　　　經過轉化，卻滙聚成某個類型故事，只不過其中的情節要素有所變
　　　　更，此外，不同類型的民間故事也可能互相感染合流，使得某一類
　　　　型的故事，又有不同型式的子目故事。〔註26〕

二、主題、母題、原型、情節單元、情節要素、中心片段之界義

　　主題、母題、原型及其衍發的專有名詞，是主題學研究的專門術；但是學
者對它們的界義紛歧，使得這些名詞隱晦而彼此混淆。〔註27〕例如湯姆森界義
母題爲「故事中最小的因素，此種因素在傳說中有延續下去的力量」，並分母題
爲三：（一）故事的主角，（二）情節背景中的某些事項，（三）事件。但是湯姆
森的母題觀並未考慮到母題所承擔的意義質素，如意象等。容格認爲母題即「單
一的象徵」，等於原型、原始意象，他給母題下的定義是「文學作品中作爲文辭
單元的象徵」。如此一來，把母題、原型、原始意象和象徵四者劃上等號。而華
西洛夫斯基界義母題爲：任何敘述中最小的而且不可再分割的單元，則是湯姆
斯定義的具體而微。主題和母題也有相犯處。陳鵬翔認爲母題是較小的單元，
而主題則是較大的，母題與場面有關，而主題與人物有關。

　　參照以上界義，筆者爲主題、母題、原型、情節單元、情節要素、中心

〔註25〕見宣釘奎《楚辭神話之分類及其相關神話之研究》頁9～13，台灣大學中文所
　　　　碩士論文，民國72年。
〔註26〕見洪淑苓《牛郎織女研究》頁13，台北，學生書局，民國77年10月初版。
〔註27〕以下湯姆森、容格、華西洛夫斯基等人的看法，均見陳鵬翔編《主題學研究
　　　　論文集》頁20～24，台北，東大圖書公司，民國72年11月初版。

片段等界定如下：

1. 主題：作品中所欲表現的中心思想。
2. 母題：敘述中最小的而且不可再分割的單元，包括主角、情節背景中的某些事項及事件等。其義等同於情節單元、情節要素。
3. 原型：即原始意象。此意象採龐德的定義「意象就是在一剎那間同時呈現一個知性及感性的複合體」，〔註28〕這複合體能使人在欣賞藝術品時，獲得一種從時空的限制裏掙開來的自在感，一種突然成長的意識。
4. 中心片段：中心片段為法國結構主義者安德烈·尼耶提出，〔註29〕其義指敘事中的關鍵情節或最能表現對抗關係的情節。

第三節　研究方法

　　月宮故事之為敘事文體，除小說為文人創作外，餘神話、傳說、民間故事均可視為口頭創作後，再被采錄；中秋風俗更屬俗文學範圍。於是配合研究之需，以學科整合的態度廣納多種方式研究，而以主題學及傳播理論貫串之，以探索月宮故事因時空流轉、文體變異所產生的意識形態、情節及人物的增刪改易、社會功能、美學價值等，盼既能博採多見，多立而無執，又能明其極限，化他見為己見。

　　首二章探究月宮神話，以心理分析、神話批評、人類學等理論應用為主，輔以天文曆法、考古資料及民族志，以釐清月宮神話紛紜纏繞的葛藤，窺其流變。基本上肯定顧頡剛「古史層累造成說」，贊成神話敘事過於簡練及語言訛誤，是神話歷史化、不確定的因素而古籍神話早經重構，非原始紀錄，若要執於揭示神話原始含義，還原其歷史背景，恐怕只能陷於證實與證偽之間的泥沼而無以自拔，故此於神話各種吉光片羽的可能性採遠觀、欣賞的角度，間有評論而不強調某種看法。

　　在分析小說及民間故事中的月宮故事時，本文先就主題論其情節單元，由情節單元尋獲故事敷演印迹，以及如何與主題連結。所不同的是，在分析小說時，以結構分析法解析故事由敘事時間、敘事角度、敘事語式、敘事單

〔註28〕見前揭書頁21。
〔註29〕參見安德烈·尼耶著，萬勝譯《悲愴與詩意——結構主義作品分析》頁56～57，湖南人民出版社，1988年5月第一版。

元等構成的敘事模式，並分析作品的美學價值。在分析民間故事時，則側重流傳過程中的質量變化及功能價值、推動基因。

　　月宮傳說多與八月十五日有關，因此置於最後，與中秋風俗一迸討論。傳說的考察以唐代爲主，舉其要介紹宋以後論中秋拜月風俗及其沿革、轉化，以見月宮故事影響之層面。

第二章 月宮神話之邊緣考察

第一節 神話中之諸月神

　　神話中具有月神身分的角色，除了嫦娥外，尚有常羲、望舒、西王母、女媧。茲分別論述這些月神，及其與嫦娥之關係。

一、常　羲

　　常羲在《山海經》中角色定位爲月神，並常與羲和並稱，帶有濃厚的神話色彩，分別爲月亮及太陽之母。關於羲和的部分，如：

　　　　羲和，月御也。〔註1〕

　　　　東南海之外，甘水之間，有羲和之國，有女子名曰羲和，方浴日於甘淵。羲和者帝俊之妻，生十日。〔註2〕

而關於常羲的部分，則如：

　　　　大荒之中，有山，名曰日月山，天樞也。……有女子方浴月。帝俊妻常羲生月十又二，此始浴之。〔註3〕

　　　　高辛氏次妃常羲生而能言，髮迨其踵，是歸高辛，生太子摯及月十二。〔註4〕

〔註1〕見〈離騷・王逸注〉。
〔註2〕見《山海經・大荒南經》。
〔註3〕見《山海經・大荒南經》。
〔註4〕見《路史》。

從以上數則記載中，我們注意到：日神羲和及月神常羲都是東方最高卜帝——夋——的妻子。此言日數則十，言月數則十二，是值得我們注意的消息，屈育德便認為：太陽和月亮的數目之所以不是一個，而是十及十二，與初民以此計算年月有關。〔註5〕雖然如此的解釋可能有重構歷史的傾向，但是也清除了不少障礙。〔註6〕

　　至於嫦娥與常羲的關連，學者多由語言訛誤說來解釋，認為嫦娥此名是由常羲的音變而來，如袁珂、陳鈞等即如此主張。〔註7〕其實早在《呂氏春秋》的二十官中，就有「羲和作占日，常羲作占月」之說，〔註8〕容肇祖對此曾有詳細舉證：

> 案《呂氏春秋》所記二十官，證以司馬貞《史記曆書索引》所引《世本》云：「黃帝使羲和占日，常儀占月，臾區占星氣，伶綸造律呂，大撓作甲子，隸首作算數，容成綜此六術而著調歷也。」則皆為黃帝時人。而《世本》所舉的「常儀」當即「尚儀」。「常」與「尚」古通用。《史記・衛綰傳》：「劍尚盛」，《漢書》「尚」作「常」。《漢書・賈誼傳》：「尚蟬以危為安」，〈賈子宗首篇〉「尚」作「常」，並其證。畢沅《呂氏春秋》云：「尚儀即常儀，古讀儀為何，後世遂有嫦娥之鄙言。」案「儀」讀為「俄」，顧炎武〈與李子德書〉一舉《易》漸上九，「鴻漸於陸，其羽可用為儀」，一舉《詩》：「汎彼柏舟，在彼中河。髧彼兩髦，實惟我儀。之死矢靡他」，以為古人「儀」讀為「俄」之證。又《唐韵正》卷二證說「儀」字古音為「魚何反」，引證更多。可證「尚儀」即「嫦娥」，音聲同一，確無可疑。〔註9〕

類似的說法並見楊慎及崔述，都否認義和和常羲的日月神身份，認為當是古

〔註5〕 參見屈育德〈日月神話初探〉，刊於《民間文學論壇》頁17，1986年5月。

〔註6〕 卡西勒《人論》中以為：歷史知識的第一步是理想的重建而不是經驗的觀察。重建的第一步則在解讀由符號構成的對象世界。這種歷史的洞察力在其書中稱作「清掃法」—不僅僅是從垃圾中淘出金子，而且使垃圾本身再生為活的作物。筆者以為神話也可利用同樣方法重構。參見卡西勒《人論》頁271〜277，台北，結構羣，民國78年9月。

〔註7〕 參見陳鈞〈論月神嫦娥〉，《民間文學論壇》1986年五期；及袁珂〈嫦娥奔月神話初探〉，收於袁著《神話論文集》頁133〜147，台北，漢京文化事業有限公司，民國76年1月版。

〔註8〕 見《呂氏春秋》卷一七〈審分覽勿躬篇〉。

〔註9〕 見容肇祖〈日月神名又為古官名的討論〉，收於婁子匡校纂《中山大學民俗週刊》二十一《神的專號》四，頁2。民國18年12月，台北，東方文化書局。

官名。〔註10〕再者，李仁澤在《山海經神話研究》中，以常羲與羲和在聲音及神話內容上的共通點，認為羲和與常羲最初是同一女神，後來才分化為二個。〔註11〕佐以郭璞注《山海經‧大荒南經》引〈歸藏‧啓筮〉「空桑之蒼蒼，八極之既張，乃有夫羲和，是主日月，以為晦明」之語，李氏之說迨為可信。

二、望　舒

古籍中有關望舒的記載，零星片段，無法窺其全豹，今僅著錄以紀其實。如《楚辭‧離騷》：

> 前望舒使先驅兮。

王逸注：「望舒，月御也。」又《廣雅‧釋天》：

> 月御謂之望舒。

至於後世文人墨客詠之入詩的，如《後漢書‧蔡邕傳》：「元首寬則望舒脁，侯王肅則月側匿。」注：「望舒，月也。」又魏文帝〈在孟津詩〉：「曜靈忽西邁，炎燭繼望舒。」據此，筆者對望舒的了解為：

1. 望舒在神話中是替月神驅車的御者，他與嫦娥並無直接關係。神格也不同，嫦娥居於月中為月宮主神，而望舒之月神身分原只是御者。
2. 望舒在後世文人的歌詠中神格提高，由月神之御者升格為月之代稱，因而逐漸具備月神之真正身分。

三、西王母

近代學者考證西王母傳說的來源，大致有四個結論，以為西王母或為神名，或為國名，或為王名，或為民族名。凌純聲〈昆崙丘與西王母〉一文，詳引各家說法。〔註12〕本文不作來源的考察，僅敘其內涵。

在中國神話傳說中，西王母的內涵與象徵極為特殊，它既沒有創世色彩，也非自然崇拜所產生的神話，又不是創造文明的英雄神話。西王母神話中欲表達的是先民心靈深處的理想世界，勾畫出人類生活樂園的藍圖，並且在這個世界裏，提供人類脫離生老病死的桎梏，得到永生不死的保證。鄭志明在〈西王母的宗教衍變〉一文中，曾分別就神話傳說、道教信仰及民間宗教結

〔註10〕參見註9所引楊慎《升菴全集》卷七四及崔述《考信錄釋例》之文。
〔註11〕參見李仁澤《山海經神話研究》頁86，師範大學國文研究所碩士論文。
〔註12〕參見凌純聲〈崑崙丘與西王母〉，收於《中央研究院民族研究所集刊》二二期。

社下的西王母加以探索，〔註13〕而何新在〈女媧與大禹故事的眞相〉一文中，則明指西王母兼具生死之神及月神的身分。〔註14〕今以樂園思想及不死思想爲西王母傳說的兩個原型，輔以鄭、何二氏理論，互爲參證，以見西王母的月神身分。

（一）西王母傳說原型之一──樂園思想〔註15〕

張光直以爲東周文獻中有不少關於一個與凡俗不同的世界之紀錄，這個世界常常是美化與理想化了的，爲神靈或另一境界中的人類所居，這種美化的世界大致分爲三種：神仙界、遠方異民之國與遠古的世界。〔註16〕西王母所居的崑崙大致可稱爲神仙界，《山海經》謂其地是「帝之下都」，也是「百神之所在」，在八隅之間，赤水岸上，地勢險阨，凡人不易到達。如此世界的精神，呈現的是一個靜態的面貌──一個凝滯的一點和一個絕對的事實。在此自足而封閉的體系中，所有屬於現實的缺失和不快完全摒棄，同時也摒棄了「人定勝天」的可能性，其理想世界因而絕非人類理智可以一窺堂奧，是以「非仁羿莫能上岡之巖」〔註17〕鄭志明前揭文對於崑崙世界的樂園風貌多所引述，此不贅錄，唯袁珂曾就《山海經》中的理想世界觀有段精闢的論述，值得我們參考：

> 它表現了當時一部份小有產者，在經濟和政治的劇烈變化中，受到
> 震撼，生活發生困難，頭腦裏產生的天眞爛漫的幻想：希望逃避冷

〔註13〕此文收於鄭志明《中國社會與宗教》，頁 7～35，台北，學生書局，民國 75 年 7 月初版。

〔註14〕此文收於何新《諸神的起源》，頁 61～84，台北，木鐸出版社，民國 76 年 6 月初版。

〔註15〕《詩經・魏風・碩鼠》：「逝將去女，適彼樂土。樂土樂土，爰得我所。」將統治者比作大鼠而責之，並說他們要棄此而去，遷往樂土，以發洩心中積憤，此與陶淵明〈桃花源記〉的寄情桃花源如出一轍，無非是逃避政治迫害，尋得安身立命之所。其精神並非完全出世，仍然「雞犬之聲相聞」，「黃髮、垂髫，怡然自樂」，於政治制度多所著墨，於社會福祉多所強調，與崑崙丘及月宮的冷寂、出世、獨善其身相反。因此筆者不以「樂土」之名，逕參考張惠娟〈樂園神話與烏托邦〉一文，以「樂園思想」爲西王母神話原型。其文收於《中外文學》十五卷三期，頁78～100，民國75年8月。

〔註16〕參見張光直〈商周神話之分類〉，收於《中國青銅時代》頁285～325，台北，聯經出版事業公司，民國76年8月版。

〔註17〕《山海經・海內西經》：「海內昆侖之虛在西北，帝之下都。昆侖之虛，方八百里，高萬仞。上有木禾，長五尋，大五圍。面有九井，以玉爲檻。面有九門，門有開明獸守之。百神之所在，有八隅之巖，赤水之際，非仁羿莫能上岡之巖。」

酷可怕的現實，到幻想中的樂園去，過一種易於謀生的、快樂無憂
的生活。〔註18〕

此言可謂深得崑崙丘樂園世界的眞諦。長壽不死的企盼，安逸生活的渴想，
原都是現實生活誘發的一種逃避心態。所謂「非仁羿莫能上岡之巖」，已明言
此仙山是封閉而具有選擇性的，羿之能上崑崙山，乃西王母許他前去求取不
死藥，若無神的特殊恩典，羿之凡軀亦無法進入樂園；況且羿求取仙藥一事，
純屬爲一己祈福，與他人無涉。此中所呈現的獨善其身、超越現實等特質，
與嫦娥盜羿之仙藥，獨自奔月而去的精神不謀而合；而西王母所居之崑崙樂
園，也呈現與廣寒宮相似的凝滯、絕對的風貌，這些互涉的狀況，使西王母
不可避免地具有月神身分。

（二）西王母傳說原型之二 —— 不死思想

何新提出西王母具備生之神、死之神及月神的多重身分，其理由在於西
王母不但「司天之厲及五殘」，而且又能賜羿以不死藥。在崑崙樂園裏，神人
不死是理所當然，然而如果有凡人得以保永生的不死藥，則此樂園便充滿無
限的吸引力。嫦娥即是食不死藥以飛奔月宮的，雖然不死藥是爲解釋不死之
因衍申而生的，屬於後來增補添加的部分，但是在鄭志明前揭文中，已揭示
《淮南子‧墜形訓》屢見之「不死樹」、「飲之不死」、「登之乃不死」與西王
母神話有密切關係；〔註 19〕即使后羿登上仙境的目的，也不外在於獲得永生
的祕方。追求不死的神話原型，爲西王母神話及嫦娥神話的共通點，因而與
樂園思想共同濾出，成爲嫦娥神話的原始意象。

對於凡身肉軀的世俗遊子而言，不死樂園的呼喚是極具吸引力的，在故
步自封、隱退保守的月宮及崑崙樂園中，不死的要求便益顯得無辜、理所當
然而毋需解釋；西王母與嫦娥之所以皆具月神身分，應該是一種基型的互涉。

四、女　媧

女媧之爲月神是何新提出的看法，他在〈女媧與大禹故事的眞相〉一文
〔註 20〕中，從漢墓出土的磚畫及「傳說中女媧爲陰帝，是太陽神伏羲的配

〔註18〕見袁珂〈略論山海經的神話〉，收於《山海經校註》，頁 536，台北，里仁書局，
　　　　民國 71 年 8 月。
〔註19〕同註 13，頁 13。
〔註20〕同註 14，頁 62。

偶，月亮別名大陰星，因此陰帝女媧應是月神」兩點爲證，論述女媧與嫦娥、
西王母的月神身分。其中討論到與嫦娥關係的有：

1. 從古音上考察，媧所從之「咼」古韻隸於歌部，與我、娥同部。媧、
   娥叠韻對轉，例可通用。所以女媧實際上也就是女娥，即常娥，亦即
   嫦娥。
2. 在《山海經》中，月神常儀的名字有兩種寫法，一作儀，一作和。娥、
   和一聲之轉，無疑可通用，而在古書中，女媧所從之「咼」字，與和
   也可通用。因此，女媧即女媧即女和、常儀，亦即嫦娥。

何新並綜合常羲爲羲和演化而來之說，作了一個圖表：〔註21〕

何氏主要由文字及語音考察，以得出女媧即常儀、女和、嫦娥的結論，
這個結論大致上是可信的。但是最可信之處仍在於漢墓磚畫中女媧執月的形
象。因爲何新論斷雖力持客觀謹嚴，然而在推論過程中，時有將一切歸諸太
陽崇拜的傾向，與杜而未的歸諸月亮似異而實同。〔註22〕事實上，如果遠古
時代果眞曾信奉一神教，當也不是太陽或月亮，較有可能的是能引導農民播
種時節的火星。因爲從曆法上考察，陰陽曆晚於陽曆，陽曆又晚於火曆，龐
樸在〈火曆鈞沈〉中已詳細考證過，〔註23〕而且太陽和月亮在天上出沒方位
變化，是以星辰爲不變的背景才能覺察確實的。最主要的是，從前面女媧、
西王母、常羲及望舒的探討中，我們發現：

1. 這些傳說中的月神都是女性，與嫦娥一樣，這可能與月亮又名太陰星
   有關。
2. 這些月神中，除了望舒本爲月御、常羲浴月於日月之山，與月亮略有
   地緣關係外，餘如西王母所居之崑崙樂園與月宮性質相同，女媧則「四
   海爲家」，只有嫦娥居住在月宮內，明確職掌月亮，這也許是後世以嫦

〔註21〕 同前註，頁 65。
〔註22〕 參見杜而未《老子的月神宗教》、《山海經神話系統》、《崑崙文化與不死觀念》
　　　　諸書，台北，學生書局。
〔註23〕 參見龐樸〈火曆鈞沈〉，收於《中國文化》創刊號，頁 3～23，台北，風雲時
　　　　代出版公司，民國 78 年 12 月。

娥爲祭月時的對象之原因。

3. 女媧、西王母、常義及望舒在書中的紀錄都比嫦娥在書中的紀錄早。嫦娥奔月的最早說法出自古佚書《歸藏》，而《歸藏》一書最遲不會晚於西漢。由此看來，嫦娥之名起源甚早，而現在廣爲流傳的奔月神話，則出現較晚。

第二節　顧菟在腹神話

一、顧菟在腹神話之語義層面

《楚辭·天問》：

> 月光何德，死則又育？厥利維何，而顧菟在腹？

此一資料告訴我們的訊息，一般說來有兩方面，一是月圓月缺、天體循環；二是月中陰影究竟爲何。前兩句指前者，後兩句指後者。

對於「月光何德，死則又育」的解釋，是古代的人因爲月圓月缺的自然現象，而產生對月亮不死與再生的信仰，這幾乎是可以肯定的。〔註24〕羌亮夫《屈原賦校注》也說：

> 兩周金文言月，多言生霸，霸即魄；月言生死，周人嘗語也。又見《尚書·顧命》、《逸周書·武成》等篇，詳王國維〈生霸死霸考〉。
>
> 死，即死霸。育，生也，即生霸。〔註25〕

但是關於「厥利維何，而顧菟在腹」則解說紛歧，單是「顧菟」就有月兔、月虎、養畜、蟾蜍諸說，其中與月宮神話較有關於的，是月兔、月虎與蟾蜍。

（一）月　虎

以「顧菟」爲虎的說法，何新和湯炳正主張最力。何新承湯炳正之說，釋顧菟爲於菟，即虎。在〈虎神與玉兔〉一文中〔註26〕推論如下：

1. 《左傳·宣公四年》：「楚人謂虎於菟。」於菟即於塗，淮楚之間稱虎

〔註24〕參見王孝廉《中國的神話世界》，頁 492，台北，時報文化事業公限公司，民國 75 年版。

〔註25〕見姜亮夫《屈原賦校注》頁 284，台北，文光圖書有限公司。

〔註26〕其文收於何新《說神的起源》，頁 243～248，台北，木鐸出版社，民國 76 年六月初版。另外，湯炳正之說參見湯著《屈賦新探》頁 260，唯此據何新引文。

為於塗，虎方即徐方。

2. 神荼、鬱壘食鬼，殷商青銅器中也常出現老虎食鬼，神荼、鬱壘與於菟為一音之轉，因此神荼、鬱壘與於菟同為食鬼之虎神。

3. 《山海經‧西山經》記：

夏后啟之臣名孟塗，是司神于巴。

〈海內西經〉又說：

開明獸身大類虎，皆人面，束向立崑崙山上。

此二者相參驗，得啟有一怪獸，身大而為虎類，具有人面，守護於崑崙山上，名叫孟塗。孟字為孟字之訛，而孟塗即於菟，與神荼、鬱壘同為虎神。

4. 虎神護於崑崙山上以逐鎮鬼怪，捉住鬼怪後即繫之以葦索，然後食之。而西王母居崑崙山，同時具有生死之神及月神的三重身分，[註27]為嫦娥前身。漢磚畫中西王母身下常有虎。由以上數點，可知顧菟為於菟，即虎。

在以上的四個論證步驟後，何新作了以下的結論：

案於菟二字，古無定形。大徐本《說文》記作「烏虒」。於，烏古同音。而虒字從虎又從兔。實際上，月中有虎的傳說，乃是由於上古神話中的月神是死神，而司鬼之神又是虎神。由此結合形成了月中有虎神的傳說。而後由於虎在南方語系中讀作「烏虒」，而訛變為兔。月中有兔的傳說乃是由此而來的。因此，屈原〈天問〉中所說的「顧菟」肯定是虎神。後來虎演變為兔，而兔又演變為蟾蜍，最後更演變為月中既有蟾蜍又有兔。而虎作為白虎，卻被漢人歸入二十八宿的系統中了。[註28]

若依何新所論，則「顧菟」的演變應為：

烏虒──→於菟──→顧菟──→兔──→蟾蜍──→兔及蟾蜍

可是何新的詮釋偏重於月中之虎如何演變為月中之兔，至於月中之兔如何演變為蟾蜍，則缺乏直接論證，只從古音學角度考查，以為蟾蜍為虎的訛變之形，此為疑點之一；古書中同音既然常可相亂，是以語言訛誤不足為有力論證，此為疑點之二；漢墓磚畫以西王母與虎並入畫者少，以兔與西王母並入

[註27] 何新認為西王母原先的職掌是司天之屬及五殘，為死神，演變為後來掌不死藥，又具備生之神的身分；同時由於不死藥而為嫦娥前身。詳見註14文。

[註28] 同註26，頁246。

畫者多，至後世中秋風俗，只有拜兔兒爺，後人吟詠月亮之詩，也只有兔與
蟾蜍，月虎之說若起源最早，至少有蛛絲馬迹可尋，就此消匿於理不合，此
爲疑點之三。由這三處疑點，筆者以爲何、湯二氏之說雖然新穎，仍宜暫時
存而不論。

（二）月　兔

把「顧菟」解釋爲月中有兔，起於東漢王逸，後世註釋者從之，是以此
說蔚爲大觀。但是仍可分爲兩派，一派從王逸之說，不加更動，以顧爲動詞，
解作顧盼，而以菟解爲兔；一派從王逸之說而略爲更改，以「顧菟」爲月中
兔名。其大要如下頁圖所示。

從此圖表，我們不難發現：

1. 對「顧菟」的兩種不同解釋，均針對月中陰影而立說。

2. 誠如蔣驥所言，月有高下東西，影當有變，因此不論解爲「顧望之兔」
   或「月中兔名」，都無法判定誰是誰非。

3. 二種解釋相較之下，可知釋爲「顧望之兔」多屬望文生義，並無直接
   根據，其說亦多怪誕不經；諸如「兔望月而孕，自吐其子」及所引《靈
   憲》、《博物志》之「陰精之宗」、「陰之類，其數偶」、「兔十二屬，配
   卯位，處望日」等，似乎涉及陰陽五行之說，使「顧菟」之語義層更
   曖昧難明。「月中兔名」的解釋雖按「顧望之兔」立說，卻已跳出字斟
   句酌的約束，着眼於月中陰影的考察。

「顧菟」不論作以上兩種解釋中的哪種，都和兔有密切關連。我們雖不
明白爲何歷來註家要把兔子放入月中，但漢墓磚畫、壁畫等文物卻常有在西
王母身旁搗藥的兔子，如徐州市十里舖漢墓畫象石、沛縣棲山漢墓畫象石、
睢寧收集之散存畫象石等。〔註29〕西王母掌不死藥，所以兔子所搗當是不死
藥，如果按何新所言，西王母具有月神身分，〔註30〕那麼兔子可能是月神旁
邊的侍者；即使西王母不具月神身分，那麼兔子搗不死藥也與嫦娥奔月有關。
再者，新津崖墓伏羲女媧畫象石所繪伏羲女媧，〔註31〕伏羲左手執圓輪，中
有一鳥，女媧右手舉圓輪，中有一兔及樹枝，配合其他畫像石〔註32〕及《淮

〔註29〕參見《徐州漢畫象石》，江蘇美術出版社，1985年6月一版。
〔註30〕同註27。
〔註31〕參見高文編《四川漢代畫象石》，圖23，巴蜀書社，1987年版。
〔註32〕參見郫縣石棺伏羲女媧、宜賓石棺伏羲女媧，收於前註書之圖24、17；及河

南子‧精神訓》：「日中有踆烏，月中有蟾蜍」，之說，伏羲所執當爲日輪，女媧所執當爲月輪。這不但再一次說明女媧具有的月神身分，〔註33〕同時也說明月中有兔的說法在漢代已形成。

　　月兔在漢以後的文人作品裏出現頻繁。詩人作品中固然不勝枚舉；而畫家作品，如宋人崔白畫的〈蟾宮玉兔〉，圖中隱隱約約畫有一隻兔子，明代唐伯虎的畫中，也有一隻兔子被嫦娥抱著奔向月宮。〔註34〕

類　別	作　者	書　名	主　張
顧望之兔	王　逸	《楚辭集注》	言月中有菟，何所貪利，居月之腹，而顧望乎？
	朱　熹	《楚辭章句》	月有何利，而顧望之兔，常居其腹？
	洪興祖	《楚辭補注》	菟與兔同。《靈憲》曰：月者，陰精之宗，積而成獸，象兔。陰之類，其數偶。《蘇鶚演義》云：兔十二屬，配卯位，處望日。月最圓，而出於卯上。卯，兔也。其形入於月中，遂有是形。《古今注》云：兔口有缺。《博物志》云：兔望月而孕，自吐其子。故《天對》云：玄陰多缺，爰感厥兔。不形之形，惟神是類。
月中兔名	毛奇齡	《天問補注》	顧菟，月中兔名。梁簡文〈水月詩〉云：非關顧兔沒。隋袁慶和煬帝〈月庭詩〉云：顧兔始馳光。皆指月言。以兔本善視，故《禮》曰：兔曰明視。而月腹之兔，名爲月魄，則又善於下顧。故〈古怨歌〉云：縈縈白兔，東走西顧。
	蔣驥	《山帶閣註楚辭》	《靈憲》曰：月者，陰精之宗，積而成獸，象菟。顧，眷戀也。言月何利於兔而常繫於腹乎。又《埤雅》云：天下兔皆雌，惟顧兔爲雄，故皆望之竇氣。是以顧兔爲月兔之名矣。按顧兔在腹，指月中微黑處，說者謂是地之影。蘇子瞻詩：九州居月中，有似蛇蟠鏡，妄言桂兔蟆，俗語皆可屏。是也。又西域傅汎際云：月體中虛實不一，實故受日光，

　　　　南唐河出土日月神畫象石、四川崇慶縣出土伏羲女媧畫象磚，收於《故宮文物月刊》七卷七期，頁 69～70，民國 78 年 10 月。
〔註33〕同註 14。
〔註34〕參見婁子匡〈十二生肖故事〉，收於婁編《北京大學民俗叢書》冊五二，民國58 年。台北，東方文化書局複印本。

		虛則光出不返，所以闇影斑駁也。倪綏甫云：月中黑闇，乃本體渣滓，不受日影，或謂外入之影。則月有高下東西，影當有變，何以隨在不殊乎？二說與前者又各不同。
姜亮夫	《屈原賦校注》	（厥利為何，而顧兔在腹之）「而顧」猶言「而乃」。厥利二句，謂其黑色為何等物？而乃無他物，只有兔居腹中。
蘇雪林	《天問正簡》	「顧菟」為一種兔子之特稱，今失其義，如《爾雅》之「盜驪」、「夏羊」之類。

（三）蟾 蜍

把「顧菟」解釋為蟾蜍的說法，以聞一多執其牛耳。聞一多以為「顧菟」乃「蟾蜍」之異名，月中本無兔，是蟾蜍之「蜍」訛變為兔，並在〈天問釋天〉中舉十一說，凡四類以證明。〔註35〕這四類是：

1. 「篷篷」、「居諸」、「居蟶」皆與「顧菟」為同音字，凡三事為一類。
2. 「蜿」、「黽」、「屈」、「鼓」與「顧」為雙聲，韻或同或近，「黽」、「醜」、「造」與「菟」為舌上變舌尖，皆聲之轉，凡四事為一類。
3. 以音理、物情並古代圖書證顧菟即蝌蚪，亦即蟾蜍，凡二事為一類。
4. 以傳說演變之步驟證「顧菟」為蟾蜍，凡二事為一類。〔註36〕

聞一多的研究主要掌握了中國神話的音義遞變之規則，〔註37〕因而以為：

考月中陰影，古者傳說不一。〈天問〉而外，先秦之說，無足證焉。其在兩漢，則言蟾蜍者莫早於《淮南》，兩言蟾蜍與兔者莫早於劉向，單言兔者莫早於緯書。由上觀之，傳說之起，諒以蟾蜍為最先，蟾與兔次之，兔又次之。更以語音訛變之理推之，蓋蟾蜍之蜍與兔音近易混，蟾蜍變為蟾兔，於是一名析為二物，而兩設蟾蜍與兔之說生焉。其後乃又有舍蟾蜍而單言兔者，此其轉相訛變之迹，固歷歷可尋也。諸說之起，驗之漢代諸書，蟾蜍最先而兔最後，屈子生當

〔註35〕參見聞一多〈天問釋天〉，收於聞著《古典新義》頁 312～338，北京中華書局，1983 年版。

〔註36〕同註 42。

〔註37〕中國神話在由一組文化信息轉變成一組古典文獻的記載過程中，由於單體漢字作為音義符號的特殊表達功能，因此在紀錄和轉述故事時，就發生大量的同（近）音異字現象。其結果是，每一個新的同音異體字，都把自己的義素匯加於這個神話的原有語義系統之中。這樣，就不可避免地地導致了語義層面上的變異和歧義。這種語義上的變異和歧義稱為音義遞變規則，又稱語言訛誤說。

漢前，是〈天問〉之「顧菟」必謂蟾蜍，不謂兔也。〔註38〕

若依聞氏之說，則「顧菟」由蟾蜍到兔的演變應為：

蟾蜍──→兔與蟾蜍──→兔

但是其說仍有疏漏：

1. 《淮南子・精神訓》：「日中有踆烏，而月中有蟾蜍。」而劉向《五經通義》亦云：「月中有兔與蟾蜍者何？月，陰也；蟾蜍，陽也。而與兔並明，陰繫於陽也。」確如聞氏所言「兩言蟾蜍與兔」；然而《史記・龜策列傳》已有「月為刑而相佐，見食於蝦蟆」之說。《史記》成書早於《淮南子》，因此聞氏「言蟾蜍莫早於《淮南》」之說極待商榷。

2. 古代帝王袞服上的十二章，有搗不死藥之兔子與月輪，蘇雪林《天問正簡》言之曰：

> 《詩・豳風・九罭》：「袞衣繡裳」，《周禮》：「享先王則袞冕。」，《呂覽》及《世本》均言黃帝命史皇倉頡制端冕袞衣，始以五彩畫十二章如山龍藻斧之屬。十二章究為何物，不易確定。《禮書通故》言為「日」、「月」、「星辰」、「山」、「龍」、「華蟲」，繪於衣。「宗彝」、「藻」、「火」、「粉米」、「黼」、「黻」，則繡於裳。並繪有袞服之圖，日月在肩際僅觀其半，其中無物。近代日本中盧不折、小鹿青雲合著《中國繪畫史》就中國古代陶器及各種工藝品推考袞衣上十二章圖案，則上裳圖案凡六：一、「中繪有三腳烏之日輪」，二、「中有搗不死藥兔子之月輪」，三、「星辰」，四、「山」，五、「雙龍」，六、「雉」。下裳圖案亦為六：「雙爵」、「水草」、「火焰」、「米點」、「斧鉞」、「亞字紋」等。我們說十二章起於黃帝固難信，但起源甚早則無可疑。〔註39〕

如果蘇雪林之說可信，那麼「中有搗不死藥兔子之月輪」應在漢以前，就是十二章的圖案。即使聞一多「言蟾蜍早於《淮南子》」之說為真，但是論兔晚於蟾蜍之說也極待商榷。

3. 今馬王堆出土西漢帛畫中已有蟾蜍和兔，〔註40〕可見此說之形成要比

〔註38〕同註42。

〔註39〕同註35所揭書，頁94。

〔註40〕馬王堆一號漢墓出土的西漢帛畫「非衣」中，天上部分已有三足烏、蟾蜍和玉兔。參見《長沙馬王堆一號漢墓》上集，頁39～45，北京文物出版社，1973年版。

《淮南》、劉向的時代早，在西漢初年已有蟾蜍與兔並舉之例。至緯書中雖有單言兔者，但是蟾蜍與兔並舉者仍甚多。〔註41〕可知神話傳說的演變並非突然成於一朝一夕或某人某書，而是長久傳佈的結果。這期間期包括了訛傳，豐富了神話內容。神話所代表的時間深度遠比歷史大，自古口耳相傳，歷無數世代之演變，包括原始社會中一切對過去的紀錄，對現在的說明，與對未來的想望。聞一多顯然忽略了神話傳說演變的規律。

雖然如此，可是聞一多掌握古代文獻和小學知識的苦心孤詣卻不容抹滅，這也是我們要加以肯定的地方。

二、顧菟在腹神話之文化隱義層面

月宮裏的動物，既然有虎、兔和蟾蜍等說法，而月中有虎之說後世又湮滅不彰，那麼兔和蟾蜍除了「顧菟」的語義外，是否具有文化隱義層面？從民族學、生物學、醫藥和人類學求證，以獲得結論。

（一）從民族學考察

月兔神話並非中華民族所獨有。墨西哥的土人說有一位神拿兔子皮來擦光月亮的面孔；〔註42〕又說天上原來有兩個太陽，天神們覺得不好，又不知所措，於是他們聚會商量，突然一個天神跑出來，捉了一隻兔子，朝第二個太陽使勁扔去，這使太陽失去了一部分光芒，並且臉上留下傷痕，後來這個太陽就成爲月亮。〔註43〕咀路蘭也把月亮當作一隻白兔。〔註44〕而印度神話說，有一隻善跑的兔子，因爲無法得到肉來供應仙人，便投身到火中，成爲焦兔，天帝後來把它放到月亮中，以昭示它高尚的行爲。《天問正簡》引《一切經音義》卷二三：

> 月中兔者，佛昔作兔王，爲一仙人投身入火，以肉施彼，天帝取其

〔註41〕 漢代緯書蟾兔並舉者甚眾。如《詩推度災》：「月三日成魄，八日成光，蟾蜍體就，穴鼻始明。」宋灼注曰：「穴，決也，決鼻，兔也。」《春秋運斗樞》：「行失搖光，則兔出月。」宋灼注曰：「陰不銜陽，故兔出月也。」《春秋元命苞》：「月之爲言闕也。兩設蟾蜍與兔者，陰陽雙居，明陽之制陰，陰之倚陽。」張衡《靈憲》：「懸象著明，莫大乎日月，月者陰陽之宗，積而成獸，象兔蛤焉。其數偶。」蛤，聞一多〈天問釋天〉以爲即是蝦蟆，故此則也是蟾兔並舉。

〔註42〕 參見燕冰《中國神話雜誌》，收於婁子匡編《北京大學民俗叢書》冊九一，頁14，台北，東方文化書局複印本，民國60年版。

〔註43〕 引自尹榮芳〈月中兔探源〉，收於《民間文學論壇》，頁30，1988年3月。

〔註44〕 同註49。

體骨置於月中，使得清涼，又令地上眾生，見而發意。

又《大唐西域記》卷七十三《獸窣堵波》條：

> 烈士池西，有三獸窣堵波，是如來修菩薩行時繞身之處。劫初時，
> 於此林野，有狐、兔、猿，異類相悅。時天帝釋欲驗菩薩行者，降
> 靈變化，爲一老夫，謂三獸曰：「二三子，善安穩乎？無驚懼邪？」
> 曰：「涉豐草，遊茂林，異類同歡，既安且樂。」老夫曰：「聞二三
> 子情厚意密，忘其老弊，特來遠尋，今正饑乏，何以饋食？」曰：「幸
> 少留此，我躬馳訪。」於是同心虛己，分路營求。狐沿水瀕，銜一
> 鮮鯉，猿於林樹，採集華果，俱來至止，同進老夫，惟兔空還，游
> 躍左右。老夫謂曰：「以吾觀之，爾曹未如猿狐同志，各能役心，惟
> 兔空還，獨無相饋，以此言之，誠可知也。」兔聞譏議，謂猿狐曰：
> 「多聚樵蘇，方有所作。」狐猿競馳，銜草曳木，既已蘊崇，猛燄
> 將熾，兔曰：「仁者，我身卑劣，所求難遂，敢以微躬，充此一餐。」
> 詞畢入火，尋即致死。是時老夫復帝釋身，除燼收骸，傷歎良久，
> 謂猿狐曰：「一何至此？吾感其心，不泯其迹，寄之月輪，傳之後世。」
> 故彼中咸言：月中之兔，自是而有。後人於此，建窣堵波。〔註45〕

至於月蟾神話也不爲中國所獨有。所羅門羣島的土著將月亮看作是隻蟾蜍的化
身；北美印第安人認爲月亮是隻肚裏裝滿水的蟾蜍，一旦水被吐出，便會淹沒
整個世界；墨西哥人的大女神月亮，是所有水的掌管者，她的化身是隻大青蛙；
圭亞那印第安人也認爲月亮中有隻青蛙。〔註46〕一則印第安人的神話說：

> 一狼非常愛一隻蟾蜍，它爲了要尋找拒絕了它的蟾蜍，去求月亮照
> 亮道路，月亮滿足了狼的要求。當狼剛要擁抱蟾蜍時，蟾蜍一下跳
> 到月亮臉上並留在了那裡。〔註47〕

而維西蘭姆印第安人的神話則說：

> 文化英雄凱歐蒂在一所地下建築裡看見一隻老母青蛙吞吐月亮，他
> 便殺死了母青蛙，將青蛙皮脫下放在月亮旁，老鷹抓起月亮扔到天
> 上，掛在空中。〔註48〕

〔註45〕這故事又見於《雜寶藏經》卷二、《經律異相》卷四○。
〔註46〕參見 A.H.Krappe〈月亮青蛙〉，收於《民俗》五一卷一期，1940年版。
〔註47〕參見 Gertrude & James Jobes,《宇宙空間》頁41，紐約1964年版。
〔註48〕見杰·拉姆齊編，史崑等譯《美國俄勒岡州印第安神話傳說》，頁102～105，
中國民間文藝出版社，1983年版。

由以上多個民族月兔和月蟾蜍神話的探討，可知古代文化聚落是超越現有國境散佈的，沒有這樣一個文化聚落觀念，只憑藉中國本土資料理解中國神話，結論必狹隘而單薄。這些包括印度、墨西哥、咀路蘭、所羅門羣島、北美印第安人、圭亞那印第安人、維西蘭印第安人都有的月兔或月蟾的神話，值得我們注意。

（二）由醫藥考察

藥物學上認爲兔的糞便是良藥，主治幾種疾病：目中浮翳、勞瘵五疳、疳瘡痔瘻、殺蟲解毒，稱兔糞爲「明月砂」或「玩月砂」。而《本草綱目》所載沈存中的良方裏，有「明月丹」，說明製法用法：用兔屎四十九粒，硇砂如兔屎大四十九粒，研爲末，和蜜如梧桐子大，月望前以水浸甘草一夜。三日不下，再服。〔註49〕這是兔糞的作用。至於兔腦髓，在中醫上則常用於催生。尹榮芳〈月中兔探源〉引《本草綱目》：

> 用臘月兔腦髓一個，攤紙上令勻，陰乾剪作符子，於上面書「生」
> 一個。候母痛極時，用釵股夾定，燈上燒灰，煎丁香酒調下。〔註50〕

此藥名曰「催生散」。同文又引《本草綱目》曰：

> 臘月取兔腦髓二個，塗紙上吹乾，入通明乳香末二兩，同研令勻。
> 於臘日前後夜，安桌子上，露星月下。設茶果，齋戒焚香，望北拜
> 告曰：大道弟子某，修會救上難生婦人藥，願降威靈，佑助此藥，
> 速令生產。禱畢，以紙包藥，露一夜，天未明時，以猪肉搗和，丸
> 莨子大，紙袋盛，懸透風處。每服一丸，溫醋湯下。良久未下，更
> 用冷酒下丸，即產，乃神仙方也。〔註51〕

這兩個方子都以兔腦爲治婦人難產的藥，而藥成要祭拜月亮，猶留有兔望月而孕的蛛絲馬迹；〔註52〕備於兔屎作成的方子稱爲「明月砂」、「玩月砂」、「明月丹」，更與月亮密切相關，恐怕不是單純由神話吸取而來的靈感。

蟾蜍作爲藥方，其延壽長生的功能更是明顯。《玄中紀》：「蟾蜍頭生角，

〔註49〕同註41。
〔註50〕同註50。
〔註51〕同前註。
〔註52〕例如《春渚紀聞》：「東坡先生云：秋月明，則是秋必多兔，野人或言兔無雄者，望月而孕。」明、張瀚《松窗夢語》：「兔視月孕，以月有兔，其目甚瞭。今人卜兔多寡，以八月之望，是夜深山茂林，百十爲羣，延首林月。月明時則一歲兔多，晦則少，是稟顧兔之氣而孕也。」

乃而食之壽千歲。」《增補事類統編》卷二九引《道書》:「蟾蜍萬歲,背生芝草。」《抱朴子‧仙藥篇》甚至直呼蟾蜍「肉芝」:

> 肉芝者,謂萬歲蟾蜍,頭上有角,頷下有丹書八字再重,以五月五
> 日日中時取之……陰乾末服,令人壽四萬歲。

蟾蜍已有化學藥理分析的證明。在中國蟾蜍漿液及蟾酥中,發現含有吲哚系鹼類成分,如 5－羥色胺、蟾蜍色胺,和某些毒蕈的致幻成分相同。5－羥色胺是中樞神經系統的重要化學物質,這類化合物常具有中樞神經系統的作用,引起狂躁、致幻、精神異常等症狀。蟾蜍是 5－羥色胺的衍化物,能產生明顯彩色幻覺和麻醉作用。〔註 53〕雖然目前沒有利用蟾酥致幻通神的民俗實例,但是從對蟾蜍語源意義的考察中,可以見到蟾酥引起的精神異常症狀。蟾蜍源自詹諸,字均從言,都是話多的意思。《莊子‧齊物篇》:「大言炎炎,小言詹詹。」詹即喋喋不休之義。《黃帝內經素問‧熱論》:「身熱不欲食,譫言。」唐、王冰注:「譫言,謂荒謬而不次也。」譫妄通常和幻聽、幻視並作精神性中毒症狀。《本草綱目》卷四二〈蟾蜍〉條曾引《崆峒神書》載蟾寶之法云:

> 用大蟾一枚,……以炭火自早炙至午,去火,放水一盞於前,當吐
> 物如皂莢子大,有金光。人吞之,可越江湖也。

所謂騰越、飛奔,無疑是食用蟾蜍後致幻和躁狂的結果。

蟾蜍的致幻作用與中國古代的麻醉藥物有不約而同的功效。成書年代約在戰國時期的《神農本草經》云:

> 麻蕡……多食令人見鬼,狂走,久服通神明。

> 莨菪子,……使人健行見鬼。多食令人狂走。

> 雲實,……華主見鬼精物,多食令人狂走。

案麻蕡即大麻籽;莨菪與曼陀羅同屬茄科,化學成份近同;雲實為豆科植物。食用這些植物均可產生強烈幻覺,看到變態人形,即所謂「鬼神」。而《黃帝內經‧靈樞》云:「(麻蕡,)狂者多食,善見鬼神。」《國語‧楚語下》韋昭注云:「巫、覡,見鬼者。」這些文獻說明了古代巫師利用致幻、麻醉藥物進入迷狂狀態,產生幻覺,見鬼見神,已成為職業上的需要。

從出土的漢畫象石、畫象磚來看,蟾蜍與不死藥在古人觀念中似乎有直接的血緣關係。四川重慶沙坪壩出土漢畫象石刻兩人一蟾,蟾兩足人立,手

〔註 53〕參見江蘇新醫學院編《中藥大辭典》頁 2714～2715,上海科學技術出版社,
　　　　 1986 年版。

方持杵而下搗；〔註54〕成都揚子山出土西王母畫像磚，刻有一隻人立的蟾蜍
在西王母座前作持杵搗藥狀。〔註55〕另外，漢樂府〈董逃行〉云：

> 采取神藥若木端，白兔長跑抓藥蝦蟆丸，奉上陛下一玉棒，服此藥，
> 可得神仙。

可證蟾蜍所搗、所丸的藥即不死藥。再配合前述蟾蜍可致長生的藥效來看，
則蟾蜍本身也是不死藥了。

（三）由人類學考察

我們在前面由民族學考察月蟾與月兔神話時，曾提到印度、墨西哥、咀
路蘭、所羅門羣島、北美印第安人、圭亞那印第安人、維西蘭姆印第安人都
有月兔或月蟾神話；而這些民族均屬於環太平洋薩滿〔註56〕文化區。薩滿教
相信萬物有靈，〔註57〕相信動植物皆可以和人的靈魂互轉。當薩滿請某動物
靈魂附體時，相信薩滿教的人們認爲薩滿就是這個動物的化身。只是薩滿常
以「馬那」代稱，指一種超能力。林惠祥曾將「馬那」的概念予以概括說明：

> 美拉尼西亞人的宗教，在信仰一方面，便是信有一種超自然的力在
> 幾於不可見的境界中；在實行的這一方面便是設法獲取這種魔力以
> 供己用，所謂「最高的存在」之概念，完全爲他們所不懂；甚至一
> 個稍微高等的任何物，也非他們意中所有。他們只信有一種力，全
> 異於自然力，而能活動以生種種吉凶的事；如能佔有或統馭他，便
> 可獲莫大利益：這便是「馬那」。這個名詞通行於全太平洋之中。馬

〔註54〕　參見常任俠《沙坪壩出土之石棺畫像研究》，收於《收文月刊》1939年一卷十
　　　　期、十一期合刊。

〔註55〕　參見《重慶市博物館四川漢畫象磚選集》，圖版三九，1972年版。

〔註56〕　姚寶瑄〈域外西王母神話新證〉：「薩滿者，其幼稚宗教之教師也，兼幻人、
　　　　解夢人、卜人、星者、醫者於一身。」收於袁珂主編《中國神話》第一集，
　　　　頁267，中國民間文藝出版社，1987年6月一版。

〔註57〕　萬物有靈的信仰可概分爲兩種，一種是泰婁主張的生氣主義，一種是科特凌
　　　　頓主張的生氣遍在主義。兩種說法最大的不同在於力與精靈的分別。生氣主
　　　　義以精靈爲初民最早崇拜的對象，以爲萬物的活動是因爲萬物都各有其精
　　　　靈，而這種精靈又是像人一樣有獨立的人格。生氣遍在主義是以力氣爲最初
　　　　崇拜的對象，以爲萬物的活動都是由於這種魔力注入其中，即精靈的本身也
　　　　是因爲這種魔力附於其上方能震動。這種魔力像一種渾渾沌沌的氣，瀰漫於
　　　　宇宙之間，無論何物，得之便能靈動，不得便不能；它只能憑附於萬物以自
　　　　表現，本身是身非人格的。詳見林惠祥《文化人類學》頁348～364，台北，
　　　　商務印書館，民國70年9月台七版。

> 那是一種力或勢，不是物質的而是超自然的；但他卻顯露於物質之
> 中，或表現為一個人的權力或才幹。馬那並不固定於任何物體，他
> 可以傳佈於任何物；但精靈們無論是死人的靈魂或超自然的怪物都
> 有馬那，並且能夠傳佈它。馬那雖是須由水、石、骨頭等物的媒介，
> 根本上卻屬於人格的物。〔註58〕

薩滿具有超能力，而「昏迷」則是薩滿使用超能力的過程。所謂「昏迷」即「精靈附體」或「靈魂出遊」狀態。這種「昏迷」狀態有兩類，一是占有昏迷，即薩滿的肉體被精靈占有；二是游動昏迷，即薩滿的靈魂離開肉體到精靈世界。〔註59〕可是，當理智清醒或是外界干擾過多，使心不能清靜的時候，這種幻覺是不會出現的。對一般人而言，對神的真誠信仰加上齋定其心、潔淨其體及自我折磨，或許可達通神或見鬼的門徑，正如《禮記・祭法》所說：

> 齋者，精明之至也，所以交於神明也。

而薩滿作法，是使自己癡狂起來，進入昏迷恍惚的情境，在這種狀態下才可以和神交往。同時為了使自己產生昏迷，達到顛狂狀態，一方面利用心理暗示作用自我誘發，一方面則往往利用藥物刺激。例如西伯利亞、印度和印第安人的薩滿巫師，便用數種毒蘑菇使自己致幻，從而達到迷狂境界以得到神諭。〔註60〕

　　有致幻作用的毒蘑菇和中國的靈芝關係密切。《說文》云：「芝，神草。」《博物志》又云：「名山生神芝，不死之草。」在《白蛇傳》中，使許仙得以復活的是盜來的靈芝仙草，可見靈芝確有不死藥的作用。再看《爾雅・釋草》：「菌，芝也。」古時芝菌不分，靈芝極可能便是有致幻作用的毒蘑菇。〔註61〕《廣雅》：「靈，巫也。」靈芝可能便是巫芝。又《藝文類聚》卷九八引《抱朴子》云：

> 青雲芝，……食之令人壽千歲不老，能乘雲通天，見鬼神。

《太平廣記》卷四引《仙傳拾遺》云：

> 秦始皇時，大宛中多枉死者，數有鳥銜茸，覆死人面，皆活。鬼谷
> 先生云是袓洲上不死之藥草。

今日本仍將蘑菇寫作茸，因此茸即蘑菇。

〔註58〕見前揭書頁359。
〔註59〕參見葛兆光《道教與中國文化》頁83，上海人民出版社，1984年10月版。
〔註60〕參見陳士瑜等〈致幻蘑菇與拜物教〉，收於《化石》1986年四期；及卯曉風〈致幻的毒蘑菇〉，收於《現代化》1981年六期。
〔註61〕同前註。

如此，我們可得這樣的結論：

　　不死藥：靈芝→芝→菌→蘑菇→茸

前面曾經論述蟾蜍所搗爲不死藥，甚至蟾蜍本身就具有不死藥的功能；配合薩滿利用蘑菇致幻，而中國的靈芝極可能是毒蘑菇，或者至少可以致幻、延年的推論，我們幾乎可以說，蟾蜍在薩滿的法術中有兩種作用：一是作爲致幻的藥，促使薩滿達到占有昏迷的境界；二是在薩滿進行游動昏迷的時候，扮演類似輔助靈的角色。〔註62〕

第三節　月宮神話與類比思維

　　以上我們討論了月宮神話的月神及動物，可是爲什麼蟾蜍、兔子和老虎會被放到月亮裏？這就牽涉到古代的思維方式。

　　葛兆光在論及道教服食求長生的方法時，曾提到我國古代的思維方式與古希臘不同，人們在日常直觀的感覺、經驗基礎上，將各種不相干的事物憑著某種感覺經驗上的相似而連繫在一起，並以此推論出它們之間有相關性、感應性。這種感覺、經驗上的相似可以分爲兩類，一類是定向的，指這種感覺、經驗上的相似基礎上的繫連，受到理性時代人們的某種理念制約，形成固定的走向；一類是不定向的，完全由感覺經驗上的相似產生繫連，又稱爲「感覺經驗上的挪移」。〔註63〕

　　葛兆光所謂「感覺經驗上的挪移」其實正是李維・史特勞斯所謂的「野性的思維」，這種思維方式不考慮事物的門、類、種、屬，不考慮矛盾，也不迴避矛盾，而只關心一種「神秘的互滲」－事物與他事物通過心理因素的轉移、傳感、繫連而產生的聯繫，初民大腦中這種拼合的能力，建立了他們的宇宙觀。〔註64〕例如原始人類相信：畫上一隻被刺中的動物，第二天就一定會有獵穫物，吃了比人類更強健的動物的血、肉，人就會像動物一樣強健。而俞建章、葉舒憲更把這種「感覺經驗的挪移」逕以類比稱之，認爲類

〔註62〕例如《楚辭・九歌・大司命》：「折疏麻兮瑤華」王逸注：「疏麻，神麻也。」在《楚辭・九歌・少司命》中，少司命自稱「蓀」，蓀即昌蒲，多食可產生強烈幻覺。大麻成爲司命巫師舉行祈神儀式時的神聖道具，昌蒲成爲司命巫師的自稱，說明了中國古代巫術就帶有顯著的薩滿文化特色。

〔註63〕同註66，122～124。

〔註64〕參見李維・史特勞斯《野性的思維》頁1～44，台北，聯經出版事業公司，民國78年5月初版。

比是初民解釋問題情境的方式，〔註65〕並將神話思維中的類比作了幾點歸納：

第一，神話思維的象徵性解釋循著一個基本的邏輯規律－類比。通過類比建立了本體（被解釋的現象）與徵體（用作解釋的現象）之間的因果關係，構成神話的內在結構。

第二，類比的一般模式，是以已知事物或現象的特徵，來說明未知事物或現象的特徵，從小的、近的、日常的經驗事實出發，解釋大的、遠的、神秘的非經驗事實。

第三，類比解釋是一種意指性活動，它給無意義的事物賦予意義，根據有限的經驗來重新組織世界，為無限的現象找出原因，提供證明，從而不斷地把主體對象同化到客體之中，把客體同化於主體自身之中。〔註66〕

對於月中陰影的解釋，除了月虎之說較新穎，且文獻不足徵之外，月兔和月蟾的說法自來占一席之地。當然，古人之所以把動物放入月中，是對月的盈虧現象這一問題情境作出的解釋，誠如葉舒憲、俞建章所言，是以已知事物說明未知事物，以小的、近的、日常的經驗事實解釋大的、遠的、神秘的非經驗事實。然而讀者不免有個疑問：為什麼用來詮釋盈虧現象的是兔子、蟾蜍，而不是其他動物？兔子和蟾蜍與月亮有什麼可以類比的因素？這便要從兔子和蟾蜍的生理特徵談起。

尹榮芳〈月中兔探源〉提到：兔子本身的生理、生育特徵與月恰恰相應。兔子交配後，再經過一個月左右又能生產，而且兔子生產時總在晚上。〔註67〕兔子的這些特點，與月亮晦盈的周期正好一致，而月亮的活動也只有在晚上為人所見。古人把兔與月聯繫，主要是基於兔子懷孕生子的周期，進一步就產生了月中有兔的傳說。《爾雅・釋獸》：「兔子曰娩」說明古人對兔懷孕生子的情形相當關注。

至於蟾蜍則具有變體再生的特性，與月亮的「死則又育」最為合拍。蟾蜍屬於兩棲動物，而且幼年與成年體態完全不同，從無腿有尾的蝌蚪長到無

〔註65〕問題情境：有一些情況，光靠慣用的辦法不能解決，需要考慮、發明新的解決辦法。參見俞建章、葉舒憲《符號：語言與藝術》頁120～130，上海人民出版社，1988年4月一版。

〔註66〕同前揭書，頁129。

〔註67〕同註50。

尾有腿的蟾蜍，需經多次變化，再生出不少新的器官。《莊子・天下篇》「丁子有尾」，說明古人對蟾蜍的變體習性早已了解，同時說明這一變體習性極具神秘感。加上蟾蜍水陸兩棲，自由來往於水域和陸地之間，一到冬天便藏入地下，春天又重新出來，故《廣雅・釋魚》云：「蛙，始也。」蟾蜍的這些生物特徵和習性，使初民認爲它們操有一種上天入地、變幻無窮、死而再生的特殊巫術。〔註68〕

而月亮的盈虧則是初民易於觀察到的天文現象。初民既不明白月亮二十八、二十九天一周期的循環變化，便自我中心地解釋爲月的生死。如《孫子兵法・虛實篇》：「日有長短，月有生死。」《鶡冠子・泰鴻篇》：「月信死信生，進退有常。」只有把月亮看成生物，才會把月亮的盈虧看作是生物的生死。這一擬人化的過程，表現出思維主體與思維對象的渾然不分。〔註69〕

依照前面對月亮、兔子和蟾蜍特性的了解，可構成兔子－蟾蜍－月亮的三聯象徵。威爾賴特認爲：三聯象徵是一種反覆出現的觀念模式，其中的每一個形象都由某種特殊的性徵而和另外兩個形象發生關係。〔註70〕如果以A、B、C分別代表兔子、蟾蜍和月亮，那麼三者關係可以羅列如下：

A和B都是動物。

A和C都有以一月爲周期的特性。

B和C都有死而復生的象徵。

從這種極混沌的類比中，我們隱約可以看到一種推理和一種歸類。所謂「物以類聚」的原始形態大約就是這樣：從現象的普遍聯繫出發加以分類，並不考慮事物的本質和規律。〔註71〕這樣，可由經驗觀察所提供的事物外表、性狀上某一方面的共同點，就成了前科學的分類依據。一旦人們解除了思維上的自我中心狀態，達到了自我意識階段，便開始把自己和自然分離、區別

〔註68〕這恐怕也是蟾蜍之所以與薩滿文化關係密切的原因。

〔註69〕類似說法亦見《淮南子・齊俗篇》、《論衡・道虛篇》等。

〔註70〕參見威爾賴特《隱喻和現實》頁137，上海人民出版社，1968年版。

〔註71〕在科學思維中也以類比爲推理方法，但是所不同的是：神話思維的類比只是外在特徵的類比，科學思維的類比還必須依據能在一定程度上反映事物本質屬性的相似特徵；而且科學思維以類比得出的結論是或然性的，其可靠性如何還有待於實踐的進一步驗證，但是神話思維的類比則是完全自我中心性的，它毫不例外的要把類比的結果固定化、絕對化，對其可靠性深信不疑，雖然還沒有提出任何實際的證明。

開來，到了那時，科學的範疇才可能產生。只是深深根植於人類心中的原始類比還是通過各種途徑保留著一席之地，前面提過把兔糞取名爲明月砂、玩月砂或明月丹是一例；以兔腦治難產，也是一例；蟾蜍之爲不死藥，更爲蛙蟾生物特徵的聯繫。另外，如《本草綱目》人部〈婦人月水〉條云：

> 月有盈虧，潮有朝夕，月事一月一行，與之相符，故謂之月水、月
> 信、月經。

顯而易見的，到了李時珍的時代，原始類比的現象連繫已逐漸被人們淡忘了，所以才需要加以特別點明某些用語的由來。

這種初民解決問題情境的類比現象，與兒童心理發展過程的一個階段相似。如果神話果爲人類的幼童期，那麼從心理學來詮釋不失爲好途徑。皮亞傑以爲，在兒童心理發展中會出現類似原始民族的前邏輯心理狀態的現象。例如：在七、八歲以前的兒童大都會對事物的原因問題極感興趣，由於這時的兒童還不能在主體和客體之間作出明確的區別，因而不可能認識因果關係，便把主觀的心理動機混同到對事物原因的解釋中去。〔註72〕將神話思維與之參照，可以看出：神話思維與兒童思維之間不僅具有表面上的相似性，而且在運演方面也有共同性。神話用擬人的事件說明天體循環的法則，兒童則以感知解釋事物。

《符號：語言與藝術》一書中，提出神話思維的運演步驟，可以讓我們對月中陰影與兔子、蟾蜍的類比過程有更清楚的認識，茲介紹如下：

> 神話思維的運演大致可分爲四個步驟，即感知、聯想、投射和同
> 化。……所謂感知，是思維對象或認知客體作用於思維主體時的信
> 息輸入過程。……所謂聯想，是神話思維運演開始階段的一種內部
> 信息交換過程。外來的信息和大腦中原有的存儲信息相溝通，這一
> 過程也就對外來信息所作的初步分類和編碼。……神話思維運演的
> 第三階段─投射，可以看作是一種信息輸出過程，在思維主體中，
> 由類比聯想所引發的存儲信息，在和新輸入的信息交互作用之後，
> 重新投射到思維對象上去。……神話思維運演的最後一個階段不妨
> 看作是一個信息反饋過程。主體加工過的信息投射到認知對象上，
> 使對象有了意義，得到了解釋，這樣，思維運演開始對象的單純表

〔註72〕參見皮亞傑《兒童心理學》頁54～63，台北，唐山出版社，民國76年11月初版。

> 象在運演結束時已經變成了意象，經過主體的再觀照，意象重新輸
> 入主體，轉化爲存儲信息，獲得固定的編碼，成爲新的認知活動類
> 比聯想的來源。〔註73〕

按照感知、聯想、投射、同化的四個階段，詮釋初民對月中陰影的解答，可
以使我們有較清晰的認識。爲了便於理解，筆者將這個運演程序圖示如下。

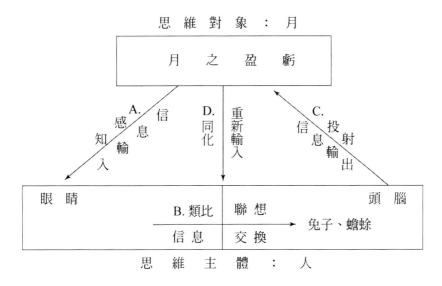

此圖思維對象是月，思維主體是人。在初民的感知活動中，月之盈虧所
負載的信息通過眼睛，構成一個問題情境，這個問題情境引發初民作類比聯
想，在頭腦裏尋找經驗或常識中與月之盈虧相似的對象作信息交換。由於兔
子的生理週期爲二十八、二十九天，與月之晦盈周期一致，於是將兔子與月
亮類比；又由於蟾蜍變體再生的特性與月的晦盈同時都有死而復生的象徵，
也把蟾蜍與月亮類比。經過信息交換後的類比投射到思維對象－月亮，而使
月之盈虧有了類屬，有了意義，而初民對月之盈虧這個問題情境也隨之而有
了類比的解釋。伴隨著問題情境的解決，未知的轉化爲已知的，月亮被同化
於初民的固有圖式，這實際上也是初民存儲信息量的增加，原有圖式的豐富
和改變，因此從思維對象方面來看是同化，而從主體方面來看，也未嘗不是
對思維對象的一種順應。

在我們對初民類比思維式有如此的了解後，再回頭看前節所提蟾蜍與薩
滿教的關係，根基就更穩固了。我們可以說：不是信仰產生了神話，也不是

〔註73〕同註72，頁141～142。

神話導致了信仰，而是神話思維方式在信仰和神話中得到了表現。萬物有靈論也好，自然崇拜也好，都是神話思維的混沌性質和自我中心性質〔註74〕的不同表現形式。

第三章　月宮神話之中心考察

第一節　嫦娥與姮娥

　　嫦娥又名姮娥，在《淮南子・覽冥篇》及張衡《靈憲》均有紀錄，〔註1〕
但是《說文》並無「姮」字；說者謂避漢文帝名諱。漢文帝名恆，諱曰常，
可見姮娥本應是恆娥，而嫦娥也就是常娥，因此，探究嫦娥與姮娥的關係，
以及它們代表怎樣的符號，必需由恆、常等字著手。關於「恆」字，森安太
郎曾作〈恆字〉考，〔註2〕由小學及古籍記載入手，討論恆字字義，可稱精到。
茲在其原有基礎上略加補充，以說明恆字在道德、天文、巫術、曆法上的含
義。

一、「恆」字之道德意義

　　恆之爲德由來已久，如《莊子・庚桑楚》：

> 人有修者，乃今有恆，有恆者，人舍之，天助之。人之所舍，謂之
> 天民；天之所助，謂之天子。

〔註1〕《淮南子・覽冥篇》「羿請不死之藥於西王母，姮娥竊以奔月，悵然有喪，無
　　　　以續之。」又，嚴可均輯《全上古三代秦漢六朝文》引張衡《靈憲》：「羿請
　　　　不死之藥於西王母，恒娥竊以奔月。將往，枚筮之於有黃。有黃占之，曰：『吉，
　　　　翩翩歸妹，獨將西行，逢天晦芒，毋驚毋恐，後且大昌。』姮娥逐托身於月，
　　　　是爲蟾蜍。」此二則記載均作嫦娥爲姮娥。
〔註2〕參見森安太郎著，王孝廉譯《黃帝的傳說》頁254～270。台北，時報文化出
　　　　版企業有限公司，民國77年2月初版。

《論語・述而》：

> 子曰：「聖人，吾不得而見之矣；得見君子者，斯可矣。善人，吾不得而見之矣；得見有恆者，斯可矣。亡而爲有，虛而爲盈，約而爲泰，難乎有恆者。」

此外，如《尚書・湯誥》、《韓非子・說林》等，對恆之爲德性，也多所闡述。由此「恆」字有最基本的德性上的意義，代表恆心，這點洽無可疑。然而「恆」字恐怕有進一步的「天行健，君子以自強不息」的含義，這在《論語・子語》和《禮記・緇衣》中可找到蛛絲馬迹。《論語・子路》：

> 子曰：「南人有言曰：人而無恆，不可作巫醫。善夫，不恆其德，或承之羞。子曰，不占而已矣！」

《禮記・緇衣》：

> 子曰：「南人有言曰：人而無恆，不可以卜、筮。古之遺言與？龜筮猶不能知也，而況人乎？」

在《禮記》疏中，南人是「殷掌卜之人」。「掌卜之人」就是巫，具有交通神人的法力，可以探知上帝意旨。這兩則孔子對於巫與恆的討論因而頗耐尋味，一來以占卜爲主要職能的巫與巫醫，在這兩則討論中似乎可以畫上等號，那麼又名恆娥的嫦娥，是否在月神的身分外又兼具巫醫的職掌，而與變形後蟾蜍的藥理功能有關？二來由所謂「古之遺言與」的疑問語氣看，是否「恆」字除了「恆德」以外，又可以作爲距孔子時代甚遠的初民思想，代表天地間的恆常法則？這兩點的疑問帶領我們進入「恆」字天文意義的探討。

二、「恆」字之天文意義

由對「恆」字可能具有天文意義的疑問，首先找到《左傳・昭公十七年》有「天事恆象」之語。竹添光鴻《左氏會箋》爲此句話下的詮腳是：

> 言一定之象而不遷也。此句蓋相傳古語。〔註3〕

而《左傳》中並引《夏書》：

> 惟彼陶唐，帥彼天常，有此冀方；今失其行，亂其紀綱，乃滅而亡。

〔註3〕《左傳》此文，在《周語》中也曾作內史語而出現。此外《越語》有：「時將有反，事將有間，必有以知天地之恆別，乃可以有天下之成利。」又《申子》載：「天道無私，是以恆正；天道恆正，是以清明。」均以恆字作爲天地間的恆常法則。

〔註4〕

則以天象恆常的自然法則作為人世生活的標準思想。此外，《逸周書》也有「天有常性，人有常順」的原則性指示，再上溯至《易經》，則〈恆卦〉：

象曰：恆，久也，剛上而柔下……天地之道，恆久而不已也，……日月得天而能久照。四時變化而能久成，聖人久於其道，而天下化成。觀其所恆，而天地萬物之情可見矣。

可知「恆」字字義的演進應該是由天道之常轉向人之常德，即「人之常德」是恆字的後起意義，可能披上文明的外表，故而人文思想較重，而「天道之常」則是恆字較原始的意義。嫦娥是月神，由「恆」字代表月亮盈虧的常性，以證天道之常，再由「娥」字代表月亮的柔美意象，以徵月容之麗，幾乎是理所當然了。

除了先秦典籍記載「恆」字義表天道之常外，另外由小學方面考察，也可得出樣結論。以「恆」字在小學上的考證而言，許慎誤以恆字的月為舟，直到王國維才把恆字在各書中說解的差異解決。王氏在《觀堂集林》中曰：

恆，常也；從心從舟。在二之間上下心以舟旋恆也。

古之恆，從月。詩曰：如月之恆。

搄，竟也，以木恆聲。

古文恆。

古鉢文。

殷父□鐳銘文。

智鼎銘文。

甲骨文，殷王恆之恆字。

按：古從月之字，後或變為從舟。殷墟卜辭「朝莫」之期，作𦣞，從日，日在𦣞間，與莫字從日在茻間同意；而篆文作𦣞，不從月而從舟。以此例之，𦣞本當作𦣞。智鼎有𦣞字，從心從𦣞，與篆文之𦣞從𦣞者同。即恆之初字，可知𦣞、𦣞字……其作𦣞者，《詩・小雅》「如月之恆」，《毛傳》：「恆，弦也。」弦本弓上物，故字又作

〔註4〕《卜辭時代的文學和卜辭文學》一書中，引唐蘭之語，認為〈夏書〉是真古文五子之歌的一部分，森安太郎前揭文認為，雖然無法保證這是否即是傳言中夏代的真相，但是從天文學者的研究看，可說堯典四星中的天象是紀元前兩年的觀測，在中國古代有大火星等一定循環的思想。

弓，然則 ☷、☷ 二字確有恆字。〔註5〕
王國維說明了《說文》恆字從舟的誤謬，以及和甲骨文的連帶關係，但是對於恆字作常義的由來，則沒有加以解釋。關於這方面，森安太郎引張文虎《舒藝能室隨筆》中「古文恆從月者，所謂日月得天，而能久照也。從月不從日者，日兆月，月光即日光，晦朔弦望，以月為候，循環不已，恆之道也」的話，認為甲骨文恆字以從弦，也是比喻月之盈虧如弓弦之張縮，而月之運動本身即有盈虧之界限，故由字形來看，恆字可以解釋為恆久的、有界限性的運動。〔註6〕森安太郎的看法，有助於對恆字更深一層的理解。

三、「恆」字之巫術意義

月亮的盈虧是初民易於觀察到的天體循環變化，而且恆娥之恆本有道之常的意義，表示周而復始，不同於人文道德意義的一成不變，這是我們既得的結論。而《孫子兵法·虛實篇》：「日有短長，月有生死。」《鶡冠子·泰鴻篇》：「月信死信死，進退有常。」均以生物的生死譬喻月的盈虧，這恐怕不是單純的文學上的比喻，因為只有把月亮看做生物，才能把月亮的生死看作生物的生死，而蟾蜍變體再生的特性與月亮「死則又育」〔註7〕最為合拍，它們的生物特徵和習性，使初民認為它們操有一種上天入地、變幻無窮、死而再生的特殊巫術，前章已論。此外，如《墨子·經說上》：「化，若蛙為鶉。」《抱朴子·論仙篇》：「川蛙翻飛。」《列子·天端篇》：「種有兒，若蛙為鶉。」等記載，均顯示在一系列循環變形之中，蛙的變形無疑占有重要地位。按照道家化生學說來看，嫦娥變形為蟾蜍而奔月登天，是極重要的程序。〔註8〕那麼，配合《論語》：「人而無恆，不可以作巫醫」，不禁給我們一個想像：恆娥是否具備巫師身分？

若以薩滿教的規律來說，薩滿的一個重要職能就是為病人到地獄索魂，使之起死回生；而變形為能藏入地下的蛙蟾便恰恰符合薩滿巫師招魂的身

〔註5〕同註2。
〔註6〕同前註。
〔註7〕出於《楚辭·天問》：「月光何德，死則又育？」
〔註8〕一般而言，「變化」或「變形」這個觀念可分為尸解變化、法術變化及神仙變化等，參見李豐楙〈不死的探求—從變化神話到神仙變化傳說〉，刊於《外外文學》十五卷五期，頁36，民國75年10月。而筆者認為嫦娥奔月變為蟾蜍，是屬於法術變化。

分。滿族神話說，月亮是天神阿布卡恩都力的小女兒手中的鏡子——即托里。
〔註9〕「托里」一詞是蒙古借用的，原義是「陰魂的占有者，死者靈魂的收容
器」。〔註10〕中原古代的靈魂觀念也與月亮關係密切。《左傳‧昭公七年》：「人
生始化曰魄，即生魂，陰生魂。」意即先有魄，復有魂；而魄古文爲「霸」
字，從月，可能指月亮陰影部分。又《法言》：「月未望則載魄於西，即望則
終魄於東。」《乾鑿度》：「月三日成魄，八日成光，蟾蜍體就，穴鼻始名。」
皆可作爲月亮陰影部分指蟾蜍的旁證。如果以此聯繫到薩滿教神話中，蛙蟾
所扮演的地獄索魂角色，那麼，月蟾作爲月精、月魄，其索回月亮幽魂，使
之復圓的功用，便很難說是臆斷。

　　月蟾不但是充當薩滿去下界地獄索魂的輔助靈，也是來往天界的使者。
一則壯族《螞拐歌》〔註11〕記述道：

> 青蛙和螞拐，
> 牠媽在天上，
> 名字叫伢雷，〔註12〕
> 專管風和雨，
> 伢雷將螞拐，
> 派遣到人間，
> 幫牠媽報信，
> 好來定雨晴。〔註13〕

依照這則壯族的《螞拐歌》來看，蛙蟾便具備了溝通天地人鬼神交往的使者
身分，相當於薩滿教中巫師的輔助靈，而壯族屬於薩滿文化區，應可適用這
個結論。如此，在我們解讀奔月神話的法術變化時，〔註14〕幾可認爲恆娥乃
是具有巫術能力的薩滿，而蟾蜍則是這位巫師作法時的化身，也是他強大法
術能力的證明。蟾蜍的變體再生，使恆娥具有「巫」、「醫」身分，這也是「人
而無恆，不可以作巫醫」的又一解釋；由於符碼落在遠古的神話層，到了人

〔註9〕　參見富育光蒐集〈太陽和月亮的傳說〉，載於《七彩神火》，頁120～133，古
　　　　林人民出版社，1984年。
〔註10〕　參見 B.季奧塞夫〈通古斯滿人的薩滿鏡〉，收於《東方文物》，一卷二－三期，
　　　　布達佩斯1953年版。
〔註11〕　螞拐即青蛙。
〔註12〕　伢雷即雷母。
〔註13〕　轉引自周作秋〈狀族的螞拐和螞拐歌〉，《民間文學》1986年六期。
〔註14〕　同註8。

文思想盛行的春秋時代，遂被孔子加上道德制約的意義，解爲「人之常德」，而使得「古之遺言」更爲曖昧難明了。

四、「恆」字之曆法意義

「恆」字之曆法意義，是由其天文上意義延申而來，與恆字之原始意義並無直接關聯，但是由於可做爲其天文意義之補充，以期了解奔月神話的另一層面，故引申之。

恆字在天文上卽有「天道之常」的含義，爲一種有界限性的恆久運動，那麼中國的古聖先賢，是否在如此的意識下，以四時運作、日升月浮的天象秩序，做爲人事興慶陵替、立身處世的法則？這是需要我們騁之以想像，而佐之以依據的課題。

首先，代表「天道之常」的星體，與初民密切相關的自然是太陽、星星與月亮，而對於從事簡單農業生產，又尚未摸清日、月、星、地關係的先民而言，每天見面的太陽和每月周期相同的月亮，顯然不如播種的時節剛好出現的其它星座來得明白又直接。關於此，龐樸曾根據各種片段文獻、考古及民俗資料，揭示中國古代曾以大火星爲示時星象，並存在著一套名爲「火曆」的曆法之事實，而比火曆晚的陰陽曆，則延用至今。〔註 15〕陰陽曆之起源卻與奔月神話相關，這也是在「天道之常」的天文意義外，要考究恆字之曆法意義的又一因素。

陰陽曆的起源必需溯自后羿射日神話。〔註 16〕何新對於「十日」提出假設，認爲后羿射日神話的眞相是曆法改革。他說上古時代「可能實行過」以觀測太陽爲紀年標準的古曆法，將一年分爲十個太陽「月」，每月由一個太陽

〔註 15〕參見龐樸〈火曆鉤沈——一個遺失已久的古曆之發現〉，收於《中國文化》創刊號，頁 3～19，台北，風雲時代出版公司，1989 年 12 月第一版。
〔註 16〕對於后羿射日神話的含義，歷來學者有不同的解釋。王夫之《楚辭通釋》認爲是「喻言」，或「堯承摯亂，天下僭爲帝者不一，羿滅其九。」而今人則作了較具體的闡發，如李玄伯《中國古代社會新研》認爲：「這表示當時有十個集團以日爲圖騰者，羿曾滅其九。」郭沫若主篇《中國史稿》意見與之略同，認爲「所謂十日並出，正反映著十個氏族的首領同時稱王。」玄珠《中國神話研究》則從人類學的角度作出解釋，以爲上古時代曾發生過大旱災，嚴重影響人們的生存，因而產生「十日並出」的傳說，並努力塑造出羿這位文化英雄，表現初民企圖改變自然、戰勝乾旱的願望。兩說之中，後一贊同者更爲普遍；但是一個關鍵的問題在於：他們都無法解決「十日」的含義問題。

當值，即十干；每月三十六天，餘五天作閏，然後周而復始。這個曆法過於簡單，造成了混亂，遂被后羿改革。〔註17〕此說聯繫了「十日」與每年分爲十個月的太陽曆，使「十月」終於有了著落；然而遺憾的是騁其想像而缺乏例證，因爲既然這種太陽曆的存在只是一種假設，自然難以服人，也無法得出準確的結論。

劉堯僅、陳久金、盧央在〈彝夏太陽曆五千年－從彝族十月太陽曆看夏小正原貌〉〔註18〕一文中，經過實地調查，證明彝族地區還存在著一年十月的太陽曆，而且上古時代的夏朝也存在過這種曆法，經由孔子獲得而系統地載入〈夏小正〉，又不同程度地殘存於《詩・豳風・七月》、《管子・幼官篇》、《獨斷》、《禮記外傳》等先秦漢唐古籍中。此一實地考察的結論，可以補理論研究的不足。事實上，羿屬東夷部族，而殷人的文化極具東方性格，與羿有親緣關係，這是學術界公認的，〔註19〕而殷的曆法正是陰陽合曆。董作賓《殷曆譜》根據甲骨文記載，考證月分大月三十日，小月二十九日，以太陽的溫涼寒暑嬗變一次爲一年，以閏月調整陰、陽之差，全年平均爲三百六十五又四分之一日。〔註20〕再者，河南鄭州大河村遺址出土的陶片中，環形一周畫有十二個太陽，學者認爲這是新石器時代，東夷地區使用一年十二月的陰陽曆的遺存。〔註21〕那麼，活動時間處於彩陶時代至陰陽曆之間的后羿，將東夷部族的先進曆法法代夏族十月太陽曆的可能性便大大增加。

由姮娥到恆娥中，「姮」與「恆」字的避諱關係，探討恆字在道德、天文、曆法、巫術上的意義，使得嫦娥之爲姮娥有了較爲完滿的解釋；由恆字天文上「天道之常」的解釋，到道德上「人有常德」的含義，除了可以看出月亮盈虧週期的恆常現象外，當也可以了解：中國古代社會在人本思想擡頭以前，是重視部族全體生存而埋沒自我的時代。隨著人性自覺的勃興及時代久遠，於是產生善惡觀念，恆字的意義也逐漸湮沒。而由於恆字在巫術上的意義，

〔註17〕參見何新〈后羿射日與曆法改革〉，收於《諸神的起源》頁199～209，台北，木鐸出版社，民國76年6月。

〔註18〕此文收於《雲南社會科學》1983年一期。

〔註19〕例如徐炳昶於《中國古史的傳說時代》頁55～62中，即如此主張。台北，地平線出版社，民國67年5月。

〔註20〕此文又見於董作賓〈殷代的紀日法〉，原載於《台灣大學文史哲學報》，第五期，民國42年12月。

〔註21〕見鄭州市博物館發掘組〈談談鄭州大河村遺址出土的彩陶上的天文圖像〉，載於《河南文博通訊》，1978年一期。

涉及薩滿巫師的法術變形，這種種恆字之謎的破譯，無疑使我們對奔月神話有深一層的認識。

第二節　奔月神話流傳之方向、範圍、狀況與因素

經過上一節的討論，我們得以知道嫦娥此名所涉及的天文、曆法、道德與巫術意義，並由前章中，得知嫦娥此名可能與羲和、女媧有語音上的聯繫，與西王母有原型上的互涉關係。這些結果告訴我們：嫦娥的故事起源甚早，今天屬於后羿神話分支的嫦娥神話，已非原貌；但是欲考察奔月神話可能的流傳方向及膾炙人口的因素，又不得不仰仗其主流后羿故事的研究。詳其原因，一者，使羲和、女媧與嫦娥名字互通的語言訛誤說，可以讓有心人同樣運用在其他人物上，故結論並非唯一；二者，嫦娥與西王母在原型上雖有互涉，但是仍然看不出直接關係；三者，恒娥之恒字牽涉的曆法意義，與羿射十日有關。由此三者之故，從羿故事考察嫦娥故事，仍不失為最便當而可靠的方法，而在神話角色甚囂塵上地混同之時，此一方法及企圖或尚得謂之情有可原。

古籍中記載的后羿故事紛紜繚繞，所形成的神話葛藤包括羿之活動時間、婚配對象、活動範圍及象徵意義，前人已有專文論述，〔註22〕筆者將古籍中關於后羿的記載列成表格，〔註23〕作成統計。〔註24〕而由羿之活動範圍以考察奔月神話的可能流傳範圍，及由傳播、心理分析以討論奔月神話流行之因素與流行狀況，則為本節重點。

一、奔月神話流傳之方向及範圍

欲由羿神話之流動方向考察奔月神話，有一個前提上的困難，即必需鎖定神話中的后羿到底有幾人，再由文獻中找出與后羿有關的地點，以界定其活動範圍，進而尋找其分支－奔月神話可能的流傳方向及範圍。

〔註22〕例如金善子的《中國古代神話中的悲劇英雄》頁162～194，台大中研所碩士論文，民國74年；王從仁〈后羿考辨〉，中州學刊1988年五期，頁83～86。關於后羿的專文很多，大多各執一說，沒有統一的解釋。
〔註23〕見附表一。此表格擇錄南北朝以前，關於后羿記載的斷簡殘篇，共五十一則。
〔註24〕見附表二。此表格乃據附表一摘錄之文作成統計，以資研究參考。分別就典籍記載中，后羿故事之活動時間、情節單元、活動方向加以分析，以出現篇數為統計標準。

（一）后羿其人

首先，在筆者爲后羿故事所作的情節單元分析〔註 25〕中，提到后善射的篇數總共四十七篇，其中提到羿作弓二篇，提到羿射殺凶獸〔註 26〕的有八篇，射河伯有一篇，射日有二篇，言后羿精於射的有三十四篇，由此統計可知：南北朝以前古籍中關於后羿事蹟部分，「善射」爲極重要的特點。徐亮之在〈舟檝弓矢創始於東夷〉一文中，考證「作弓」和「善射」爲東夷部族特色，〔註 27〕而楊寬、傅斯年等更認爲后羿爲東夷共主，〔註 28〕后羿之爲東夷人迨無可疑。

其次，文獻記載中的后羿是何時人？或者說，古史傳說中究竟有幾個羿？這個問題牽涉到古籍中羿的活動時間，表二提及羿活動時間的有十篇，其中認爲羿是夏代人的有三篇，認爲羿是有窮人的有三篇；認爲羿是堯帝及嚳帝時的人各占二篇；因此在此統計中，羿的活動時間有四種可能，即夏、有窮、堯及帝嚳。但是其中不乏自相矛盾者，例如《左傳・襄公四年》既言「夏訓有之，曰有窮后羿」，則羿應爲夏時有窮部落之君，而下文「后羿自鉏遷於窮石」則羿又似乎是鉏部落之人，這是同一篇中自相矛盾之例；至於同一書中前後稱引也有矛盾，例如同是《左傳》，〈襄公四年〉所記又與〈昭公二十八年〉不同，〈昭公二十八年〉未明言朝代，只說有仍氏，則羿的時代似乎要更早；〔註 29〕凡此種種，都使筆者在處理后羿的活動時間時頗覺棘手。

學者研究古史傳說中究竟有幾個羿的問題，大抵有三種說法：

1. 洪興祖《楚辭補注》及方以智《通考》等，認爲傳說中有兩個羿：堯時一羿，有窮時一羿。
2. 朱熹《楚辭章句》謂有四個羿：嚳時一羿，堯時一羿，夏時一羿，而逢蒙所殺又非寒浞所殺之羿。

〔註 25〕　見附表二。

〔註 26〕　龔維英〈嫦娥神話面面觀〉一文，認爲后羿所射之純狐、玄妻、玄狐與封狐、洛嬪同指嫦娥，然而筆者爲忠於原紀錄，仍以封狐、玄狐、純狐爲凶獸。龔氏之文刊於《民間文學論壇》1987 年四期，頁 61～68。

〔註 27〕　參見徐亮之《中國史前史話》頁 266，香港，亞洲出版事業有限公司，民國 45 年 3 月。

〔註 28〕　參見楊寬《中國上古史導論》頁 223～245，收於《史古辨》第七冊，台中，藍燈文化事業股份有公司，民國 76 年 11 月；及傅斯年〈夷夏東西說〉，收於《傅斯年全集》第三冊，頁 124，台北，聯經出版事業有限公司。

〔註 29〕　見附表一。

3. 傅斯年、楊寬、童書業、王從仁、龔維英等〔註30〕均主張傳說中的羿
   只有一位，即夏末有窮首長羿。「夷羿」指其部族，「后羿」指其地位。

筆者贊同古史傳說中的羿應該只有一人。理由有下列兩點：

1. 神話傳說中，同一主題常因流傳之不同而是非倒置，以鯀的神話為例，
同在《國語》中，〈周語〉下說「崇伯鯀播其淫心，稱遂共工之禍。」對鯀口誅
筆伐；而〈魯語〉上卻說「鯀彰洪水」，故夏后「郊鯀」，〈吳語〉也稱「鯀禹之
功」，均對鯀大加褒揚；使我們不能不注意傳說之演變及其道德批評之改易。羿
的神話也是如此。傅斯年〈夷夏東西說〉主張夷與商屬於東系，夏與周屬於西
系，東西二系一消一長，〔註31〕而在歷史上，以武力取得國土的民族壓迫、詆
毀戰敗民族是常見現象。〔註32〕羿既是東夷作弓的文化英雄，而〈天問〉、《山
海經》本為淮楚之作，所載猶存東夷民族神話的本來面目，〔註33〕未經周人竄
亂，故稱羿「扶下國」、「始去恤下地之百艱」；〔註34〕但是〈離騷〉之出則較晚，
已經滲入周人傳說，〔註35〕故謂羿「淫游以佚畋」、「亂流而鮮終」；〔註36〕〈左
傳〉更是西系民族的作品，於夷羿多所詆毀便更理所當然了。古代神不歆非類，
民不祀非族，因此羿神話因民族歧視而產生歧傳的可能性很大。

2. 根據顧頡剛「古史層累造說」的定律，〔註37〕傳說的時地愈廣，其變
形愈大，枝節愈豐富，因而也愈不可靠。但是這樣一來，中國上古史，包括
《史記》在內的許多記載，都要被劃入可疑、偽造的行列，結果勢必造成歷
史的一大片空白。為了澄清上古歷史與神話，使它們較接近原貌，新方法的
探究是必需的過程。以羿神話而言，何新提出用形式邏輯的不矛盾律來判定
為假系統，就是一個例子。〔註38〕其實關於這方面，蔣驥在《山帶閣註楚辭》

〔註30〕 參見註28傅斯年文、26龔維英文、22王從仁文、註28楊寬書，頁365～372
及童書業、顧頡剛〈夏史三論〉，文收於《古史辨》第七冊下，頁232～233。

〔註31〕 同註28傅文。

〔註32〕 如周克殷以後，對殷王力加詆毀。《尚書・牧誓》：「今商王受，惟婦言是用，
昏棄厥肆祀弗答，昏棄厥遺王父母弟不迪，乃惟四方之多罪逋逃，是崇是長，
是信是使，是以為大夫卿士，俾暴虐於百姓，以姦宄商邑。」

〔註33〕 同註28傅斯年文。

〔註34〕 見附表一。

〔註35〕 同註28楊寬書，頁151。

〔註36〕 見附表一。

〔註37〕 詳見顧頡剛〈與錢玄同先生論古史書〉收於《古史辨》第一冊中編，頁59～
66。

〔註38〕 參見何新《諸神的起源》頁291。

中已有精到的見解，他說：

> 詳〈天問〉中，彈日射豨與寒浞所殺，又初無二人。吾意古今惟此
> 篡夏之羿，以善射稱，後人因設諸異以神之，而混其時於嚳與堯耳；
> 不然，何事歷三朝而錯出如一乎？〔註39〕

蔣驥的推論合理，又不失爲「古史層累造成」作一較踏實的例證。所以羿故
事因民族歧視及古史層累說產生歧傳的可能性，大於其他學者關於古史傳說
中有二羿、四羿的可能性；古史傳說中的后羿應該只有一人，即有窮部落之
君長羿。

（二）后羿之活動範圍

　　在鎖定后羿爲有窮部落之君長，且爲東夷人後，接下來的問題，便是從
古籍中找尋有關后羿活動的路線或範圍，以界定奔月神話可能的流傳範圍。
在表二中，我們得知五十一篇古籍資料裏，明確提到后羿活動方向或範圍的
只有五篇。這五篇分別是《楚辭·天問》的「阻窮西征」、《左傳·襄公四年》
的「昔有夏之方衰也，后羿自鉏遷於窮石，因夏民以代夏政」、《山海經·海
外南經》的「羿與鑿齒戰於壽華之野，羿射殺之，在昆侖虛東」、《山海經·
海內西經》的「海內崑崙之虛，……非仁羿莫能上岡之巖」及《淮南子·本
經訓》的「羿誅鑿齒於疇華之野，殺九嬰於凶水之上，繳大風於青丘之澤……
下殺猰貐，斷脩蛇於洞庭，禽封豨於桑林」。〔註40〕其他沒有明示而有迹象
的，如《靈憲》及《淮南子·覽冥訓》的「羿請不死藥於西王母」，〔註41〕
則應指羿登昆崙；又《淮南子》〈說山訓〉及〈詮眞訓〉的「羿死桃棓」〔註
42〕則指某地桃林。由此，筆者認爲要從典籍中考察后羿的活動方向及範圍，
有下列兩條線索：

1. 活動方向由「阻窮西征」及「后羿自鉏遷於窮石」入手，必先考證「窮」、
   「窮石」及「鉏」之所在。
2. 活動範圍由羿殺凶獸及探求不死的路線著手，必先考證「崑崙」、「壽
   華之野」或「疇華之野」、「凶水」、「青丘之澤」、「洞庭」及「桑林」
   所在。

〔註39〕見蔣驥《山帶閣註楚辭》，台北，長安出版社，民國73年9月。
〔註40〕見附表一。
〔註41〕同前註。
〔註42〕見附表一。

這兩條線索中，第二條較易解決。除了后羿爲探求不死藥而登的崑崙，古今地名無別外，餘如桑林在古籍中也常常出現，桑木是生命之樹、太陽之樹，而桑林即窮桑、空桑，是東夷部族的文化中心，傅斯年〈夷夏東西說〉更明指桑林位於今山東曲阜附近。〔註43〕至於凶水、青丘、洞庭及壽華，據《淮南子・本經訓》高誘注考定壽華或疇華爲西方，凶水爲北狄之地，青丘爲東方澤名，洞庭爲南方澤名，此考證古今迨無異說。雖然其說或嫌含混籠統，但是壽華據《山海經・海外南經》所說在「崑崙虛東」，洞庭可能指洞庭湖。據高誘之考證，我們可以得到兩個結論：

1. 羿射凶獸的地方分別象徵東西南北中諸方位，這種全方位觀念，可能與殷商時代形成的五方祭祀及中和意識有關，世界模式已大致形成；而此種全方位觀念也與印度及埃及的聖王典禮中，聖王以箭射天空各方位，象徵全面控制整個國土的儀式相彷彿，值得我們注意。

2. 羿射凶獸的範圍以桑林爲中心，西到崑崙，南到洞庭，北到炎狄，牽涉地域相當廣大，顯示羿神話的流傳範圍在《山海經》著作的戰國時代已很普及。

活動範圍既如此廣闊，那麼活動方向又如何？這必須討論學者對「阻窮西征」及「后羿自鉏窮於窮石」的兩種解釋：

一種是童書業的主張，他認爲〈天問〉「阻窮西征」的「阻」即「徂」，訓爲「往」之意，「窮」指「窮石」，即今張掖。而〈左傳〉「后羿自鉏遷於窮石」則爲東漢人據〈天問〉之文所加入，是誤解〈天問〉文義造成的錯誤，換言之，「窮」、「窮石」同指一地，爲今張掖，〈左傳〉之「鉏」爲「徂」之誤，「阻窮西征」指后羿往見西王母求不死藥一事。〔註44〕

另一種是楊寬的主張。他認爲〈天問〉「阻窮西征」之「阻窮」爲后羿地望，指「有窮」，而「有窮」即「窮石」；「窮石」與「窮桑」一聲之轉，實指同一地，即空桑，在今山東曲阜附近。而「后羿自鉏遷於窮石」乃戰國晚年編輯《左傳》者加入之文，但是此處之「窮石」與〈天問〉之「阻窮」仍同指一地，爲曲阜附近。〔註45〕

筆者較贊同童氏說法。因爲我們既確定后羿爲東夷部主，則往張掖求不

〔註43〕同註 28 傅斯年文。
〔註44〕參見童書業〈天問阻窮西征解〉，收於《古史辨》第七冊下，頁 310～312。
〔註45〕參見〈楊拱辰致童疑書〉，收於《古史辨》第七冊下，頁 312～314。

死藥的西進路程，與羿射殺凶獸的情節較能配合。若照楊氏主張，「鉏」的問題無法獲得解答，此其一；「阻窮西征」與「自鉏遷於窮石」更自相矛盾，「阻窮西征」的「阻窮」是出發點，「自鉏遷於窮石」的「窮石」是目的地，「阻窮」是「窮石」，那麼出發點豈不等於目的地？此其二。

在釐清古籍記載中后羿的活動方向及活動範圍後，我們還要有一個認識，即后羿西進的路程如此遙遠，所經地域如此廣博，在交通不便的遠古時代是匪夷所思的。所以筆者以為，典籍中所載之后羿活動方向及活動範圍，事實上代表后羿故事流傳的方向及範圍，其方向是東北至西南，其範圍則幾乎普及整個中國。至於這個結論是不是可以同樣用在奔月故事的流傳上呢？

關於奔月故事，典籍中最明確記錄的是《淮南子》，同書亦明確記錄羿殺凶獸的五個方位。〔註 46〕「羿請不死之藥於西王母」自是西進，在方向上是東向西；而我們前面說過，羿神話屬東方系統，西漢作成的《淮南子》則屬西方系統，屬於羿神話分支的奔月故事，在西系的《淮南子》裏照樣流行，可見神話傳說雖可能因文化歧視而產生歧異，但是其流動力則如水銀瀉地，無孔不入，並無東西之分。是以最晚在西漢，嫦娥奔月的神話已甚普及。若更上溯至採交錯著敘述的〈天問〉，雖無明確交待，然「阻窮西征，巖何越焉？」至「白蜺嬰茀，胡為此堂？安得夫良藥，不能固藏？」一段，不少學者以為指嫦娥奔月一事，〔註 47〕則奔月故事幾與后羿故事相始終。既然兩個故事的發展相始終，而奔月故事在情節單元上又屬后羿故事的分支，那麼由后羿故事的流傳方向及範圍，以考察奔月故事流傳的方向及範圍，雖不中，亦不遠矣。

二、奔月神話流行之因素及狀況

袁珂把后羿神話分成三個演變時期，最早是父權社會時期，射日、射殺凶獸是此期的代表；其次是奴隸社會時期，羿神話加上了階級紛爭的色彩，因而〈天問〉有「何獻蒸肉之膏而后帝不若」的問語；到了封建時期，才有請不死藥、射河伯、妻雒嬪等神話的加入，嫦娥奔月神話是這一期的產物。〔註48〕

〔註46〕見附表一。

〔註47〕如陳鈞〈論月神嫦娥〉，《民間文學論壇》1986 年五期，頁 21～28；蔣驥《山帶閣註楚辭》，頁 89～91 均如此主張。

〔註48〕參見袁珂〈古代神話的發展及其流傳演變〉，收於《神話論文集》頁 63～86，台北，漢京文化事業有限公司，民國 76 年 6 月。

　　若以后羿神話考察奔月神話的盛行時間，那麼袁珂的說法是可以接受的。一則目前所見最早的奔月神話，收於已經亡佚的《歸藏》：「昔嫦娥以西王母不死之藥服之，遂奔月爲月精。」〔註49〕《文心雕龍・諸子》說：「《歸藏》之經，大明迂怪，乃稱羿斃十日，姮娥奔月。」是其證。《歸藏》大約是戰國初期到中期的作品，因此這一神話也可能產生於此時期並開始流傳。二則，根據茅盾《中國神話研究》，以爲原始人的思想觀念，是以日月神即日月之本體，並非於日月神之外，另有日月的本體，而嫦娥奔月神話，嫦娥奔入月中爲月精，是明明把月亮當作一個可居住的地方，和原始的思想觀念不合；〔註50〕再加上我們前一章關於嫦娥與常羲、女媧等語音上的聯繫，可見奔月神話並非月亮神話的原貌。三則，奔月神話明顯的有不死思想和樂園觀念，而據袁珂在《神話故事新編》前言所論，神仙不死思想的興起和昌盛，是戰國以後才有的事。由此三點以論奔月神話是封建社會初期成形的產品，在推理上應該沒有錯。

（一）流行因素

　　如果我們接受袁珂關於奔月神話產生時期的看法，那麼接下來的問題便是：奔月神話既然在后羿神話的情節分支中不是最早產生，爲什麼在流行的過程裏，卻能如此乾淨俐落地切入后羿神話，滿溢著氣魄流匯的世界，成爲今天人們閒話后羿故事時的主要情節？關於這方面，筆者擬就傳播流程中的心理分析，以考察奔月神話盛行因素。而在利用此方法的同時，有幾個前提上的說明：

　　1. 神話傳說的流傳本身即是一種訊號的傳播，可以應用到傳播學及符號學的理論上。

　　2. 在奔月神話的傳播過程中，典籍裏面關於嫦娥奔月的記載相當於符號學的「符碼」，傳播行動必須等到傳遞音訊的符碼被還原之後，才能傳出去。而所謂「符碼還原」，是指閱聽奔月故事的人與記錄奔月故事的人有閱聽經驗的重疊，這經驗的重疊，幫助閱聽人把奔月故事的文字記載還原成紀錄人的本意，減少誤差至最低程度。如下圖。〔註51〕

〔註49〕此爲《文選・祭顏光祿文》所引。
〔註50〕參見茅盾《中國神話研究》，頁 29，不著出版處及年月。
〔註51〕此圖根據徐佳士《大眾傳播理論》頁 18 之圖改編而成，台北，正中書局，民
　　　　國 76 年 5 月台初版。

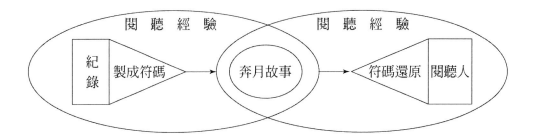

3. 閱聽奔月故事的人在作符碼還原的工作時，符碼同時也有了意義，這意義會進而決定閱聽人對符碼－即典籍記載中的奔月故事－作任何活動，而閱聽人幾乎都會把收到的訊號符碼加以還原，從事解釋再作反應，製成另一個符碼，所以傳播的過程很難找出終點。換句話說，閱讀及傳述神話的過程其實就是一種神話的「變衍式」。〔註52〕當多數人沈浸在神話所指涉的先民或太初經驗時，往往一廂情願地自抒機軸、賦與意義，忘了神話是世代口耳相傳，甚或形諸文字的作品，必須不斷受制於語言和意識型態的改寫。下面這個圖說明了神話在傳播過程中中的回饋與變衍關係：〔註53〕

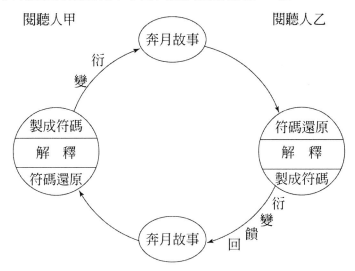

　　在前提的設定後，我們考慮奔月神話盛行因素的關鍵，便落在理解閱聽

〔註52〕這裏的「變衍式」來自於陳界華〈閱讀傳說－神話的變衍式〉一文中的觀念。文刊於《中外文學》十五卷三期，頁103～113，民國75年8月。所謂「變衍式」指的是：主體意識形諸種種詮釋的假設，在閱讀流程中持續而隨時衍繹地構建意義。

〔註53〕同註51。此圖適用於單向傳播，奔月故事之多向傳播圖仍構建中。

人的心理上。徐佳士認爲，閱聽人對傳播材料經常有選精擇肥式的消費，選擇的因素是由於預存立場所致。由於預存立場的不同，閱聽人會做選擇性的暴露、選擇性的理解與選擇性的記憶，而他們的選擇消費，則爲個人的預存立場撐起保護傘。〔註 54〕這活潑而傳神的解釋方式同樣可以運用到神話的閱聽人上。爲什麼在后羿神話的諸多分支中，奔月神話一枝獨秀地獲得眾多閣聽人青睞？又閱聽人是以怎樣的符碼還原來解釋奔月神話？若以南北朝以前有關奔月神話的記載爲依據，則筆者認爲盛行之因素爲下列幾項：

1. 奔月神話在后羿神話中的對比性情節

筆者在整理南北朝以前關於后羿故事的記載而製成附表二時，發現與后羿故事有關的重要情節，如由射日、射河伯、射凶獸等情節單元組成的善射，及由死於桃棓、死於逢蒙等情節單元組成的下場均屬剛性，與之相較，由嫦娥、西王母、不死藥、登崑崙等情節單元組成的探求不死，柔性特徵便益發突顯。我們知道傳播在發出訊號以後，就進入一場劇烈的競爭之中，去和別的訊號爭奪閱聽人的注意；而閱聽人面對許多訊號時，通常把它們當作索引一般來看待，他從這些索引中尋找線索，看哪一個訊號中顯現有特別吸引他的事物的線索。那麼后羿故事的各項分支：探求不死、善射和死於非命三個由情節單元構成的系統，便成爲閱聽人的三個索引，這三個索引兩個陽剛，一個陰柔，這個陰柔的特質便與其他訊號形成對比，而容易引起閱聽人的注意，造成如同「萬綠叢中一點紅」的效果。

以對比性來看，嫦娥的美貌也與十日的殘酷、凶獸的醜陋形成對比，使閱聽人由於艷羨與贊歎而受到較多的吸引。所謂「月隱仙娥艷」，〔註 55〕嫦娥的美艷甚至滲入楊妃故事，營造了琦瑋僪佹的氣氛。〔註 56〕詳其原因，「艷色天下重」固然是人們對嫦娥憐香惜玉的因素，但是奔月故事能跳脫后羿神話的諸分支，主要仍由於對比性的情節：陽剛與陰柔的對比、醜陋與美艷的對比，甚至俗世之動盪與月殿之祥和的對比。嫦娥故事的鮮活感人，對比性情節是一個重要因素。

〔註 54〕參見徐佳士前揭書，頁 112～119。

〔註 55〕此爲唐、張祜〈南宮歎〉中詩句。全詩爲「北陸冰初結，南宮漏更長。何勞卻睡草，不驗返魂香。月隱仙娥艷，風殘夢蝶揚。徒悲舊行跡，一夜玉階霜。」

〔註 56〕參見曾永義〈楊妃故事的發展及與之有關之文學〉，收於陳鵬翔主編《主題學研究論文集》，頁 119～139。台北，東大圖書公司，民國 72 年 11 月初版。

2. 奔月神話的報酬與威脅

前面提過，閱聽人由於預存立場的不同，會有選擇性的暴露、選擇性的理解與選擇性的記憶，這一心理過程，對於解釋奔月神話的盛行因素很有幫助。究竟人們選擇奔月故事的預存立場是什麼？筆者認為牽涉到奔月神話透露出的報酬，可以解決人們內心深處的困難或恐懼，使精神得到歸依；同時透露出的威脅，又使人們不得不喜歡奔月神話。這便是樂園的報酬與死亡的威脅。俗世裏的人情同樣適用於神話的傳播。

在此，筆者必須對奔月神話提供的報酬與威脅作一後設語：所謂報酬，指的是閱聽人選擇奔月神話後，可以得到如崑崙樂園一般絕對、安靜、開放，而且無矛盾、無深度的世界，不死的信念在此世界中便顯得無辜而理所當然。至於所謂威脅，則指的是如果閱聽人放棄奔月神話，而選擇后羿神話的其他分支系統，那麼他必然要面對怪獸世界的恐怖、十日並出的煎熬與不得其死的深慮。

容格的心理神話學以為，神話是一種偽裝，讓諸種欲念得以通過超我的檢查，使我們的潛意識得以藉此獲得救贖。嫦娥奔月提供的報酬與威脅，正是此一學說的驗證。面對死亡是人類共同的焦慮，為了抵制死亡的威脅，於是有服食仙丹等行徑，但是其實這是人們的高築壁壘，為死亡問題作了選擇性的理解。人類既明知不能不死，又想探求不死，於是認知與行為上便產生了差距與不和諧。在認識不和諧的情況下，往往人們會改變行動或信念，以減輕這種不和諧；也就是說，如果他不能改變行動的話，就會改變信念。〔註57〕而奔月神話恰好提供人們有選擇性記憶的機會，使人們對死亡的焦慮得以減輕。紀錄人與閱聽人都希望長生不死，擁有本來沒有的東西，便故意遺忘人是凡軀、必須死亡的事實，創造虛構的畫面，使嫦娥奔入月中為月精，進而讓人類的共同困苦得到修正，甚至相信人類的確可以脫離死亡的桎梏。

3. 奔月神話的時空融貫觀與飛翔原型

古添洪認為嫦娥奔月是人類飛翔本能的原型，並引達爾文和佛洛依德的說法，謂夢中幻化為鳥是進化的痕跡。〔註58〕如果奔月神話具有飛翔原型，那麼我們可以說，嫦娥奔月為月精，事實上代表人們內心深處秘密的投射，

〔註57〕參見徐佳士前揭書，頁63。
〔註58〕參見古添洪〈希拉克力斯和后羿的比較研究〉，收於古添洪、陳慧樺合編《從比較神話到文學》頁252～276。台北，東大圖書公司，民國77年8月再版。

是理想追求、幻滅與神化的過程，使人類飛翔欲望與不能飛的認知達到理智與情感的平衡。飛翔原型既是人類的需求，而閱聽人在理解時自然可能受需求左右，於是奔月神話便因而盛行。〔註59〕

伴著飛翔原型的時空融貫觀，則為飛翔的起點與終點做了一個註腳。嫦娥奔月時的宇宙，處於《莊子》所謂「有實而無乎處者，宇也；有長而無本剽者，宙也」的狀態，融合現在、過去與未來，對於閱聽人來說，不但是需求的投射，甚至是信仰的依靠。

由於情節的對比性、報酬與威脅、時空融貫觀與飛翔原型，造成奔月神話膾炙人口的因素，已如上述。另外，奔月神話從后羿神話中脫穎而出的情形如何？在南北朝以前的典籍中，奔月神話繁衍的情形又如何？則我們必須先由結構來考察。

二、流行狀況

克勒奇和克拉奇斐德為認為，閱聽人在理解部分時，不會拋棄全體；這裏的「部分」指分結構，「全體」指主結構。〔註60〕之所以有「結構」之稱，是在傳播理論中，認為閱聽人在收到訊號時，通常會把事物組織起來，賦予意義，因此也許本來不相干的事物，經過閱聽人的解釋後，就形成層次分明、上下有序、全體與部分相關的體系，再經過符碼還原的回饋過程，原來的主結構便可能發生質的變化。而如其中的分結構吸引力夠，足以形成閱聽人觸發的基因，那麼這個分結構便會逐漸孳乳蔓衍，成為主結構中最大的分結構，帶領其他分結構繼續傳播，由此而生枝長葉，蔚為大樹。〔註61〕

今以奔月神話而言，從附表二可見探求不死、善射與死於非命為后羿神話這個主結構的分結構，嫦娥只是探求不死這個分結構中的情節單元之一，如下圖：〔註62〕

〔註59〕徐佳士認為，閱聽人選擇什麼事物或訊號來加以理解，多半得決定於他當時的需求、精神狀態、情緒等功能性因素。見徐佳士前揭書，頁77。

〔註60〕同前揭書，頁83。

〔註61〕「基因」的觀念來自曾永義〈從西施說到梁祝—略論民間故事的基型觸發和孳乳展延〉，收於註56所揭書，頁161～175。

〔註62〕古添洪註58所揭文中，認為后羿神話由除獸害、射殺太陽及求不死兩個單元所構成。而筆者則加入「死於非命」單元，這個單元是由逢蒙或寒浞殺羿構成，在后羿神話中當亦屬重要單元。

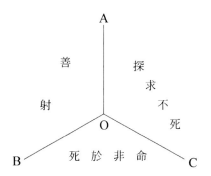

　　此圖全體代表后羿神話這個主結構，每相鄰兩線所構成的角即爲分結構。在后羿神話中，應有三個分結構，即探求不死－角 AOC、死於非命－角 BOC 及善射－AOB。原來我們在看每一角時，會把它看成是整個圖形的一部分，因此我們把圖中的三個代表分結構的角都看成鈍角；但是由於探求不死中的一個情節單元－嫦娥奔月逐漸受閱聽人語言、意識形態的改寫，而使得主結構發生質的改變，如下圖。筆者在圖中所加的線，表示後起意象逐漸增多的嫦娥奔月。加線以後的圖，主結構變了，而三個分三結構沒有變。但是現在在我們眼裏，分別代表探求不死、善射和死於非命的角 AOC、角 AOB 和角 BOC 卻變成了直角，看起來和以前不同。之所以分結構看起來和以前不同，則是因爲主結構看起來已與以前不同了；至於主結構看起來與以前不同，便是嫦娥奔月這個情節單元繁衍擴張的緣故。

　　在南北朝以前有關嫦娥奔月的典籍記載中，究竟這個原本小小的情節單元是如何發枝抽芽，以致枝繁葉茂呢？嫦娥的第一次出場，據袁珂、陳鈞認爲是《周易·歸藏》，〔註63〕《文選·祭顏光祿文》注引《歸藏》文云：

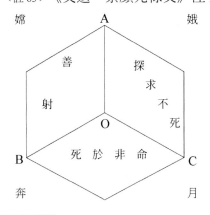

〔註63〕參見袁珂〈嫦娥奔月神話初探〉，收於註 48 所揭書，頁 133～146，及註 47 陳鈞文。

昔嫦娥以西王母不死之藥服之，遂奔月爲月精。

《歸藏》而後，在《楚辭・天問》中有嫦娥的浮光掠影：

白蜺嬰茀，胡爲此堂？安得夫良藥，不能固藏？〔註64〕

其後，《淮南子・覽冥篇》記載：

羿請不死之藥於西王母，姮娥竊以奔月，悵然有喪，無以續之。

到嚴可均所輯《全上古三代秦漢六朝文》則引東漢張衡《靈憲》曰：

羿請不死之藥於西王母，姮娥竊之以奔月。將往，枚筮之於有黃。

有黃占之，曰「吉。翩翩歸妹，獨將西行，逢天晦芒，毋驚毋恐，

後且大昌。」姮娥遂托身於月，是爲蟾蜍。

此段記載以後，奔月故事大抵已定型，因此考察奔月神話在南北朝以前的發展狀況，應以此爲斷限。在這四則紀錄中，我們發現奔月故事敷衍的情況爲：

1. 嫦娥服食仙藥，由最初的食西王母不死藥到竊后羿藥；其奔月動機由最初的求不死，到後來的畏罪潛逃；奔月結果由最初的「爲月精」到後來的蟾蜍，在在顯示封建思想盛行後，對嫦娥賦以懲罰之意。〔註65〕

2. 后羿故事在《淮南子》時才加入奔月爲情節單元，但是由於《歸藏》已佚，〈天問〉又語焉不詳，遂使原本可能、甚至應該不相干的嫦娥奔月，成爲后羿神話探求不死的主要情節。

3. 奔月故事在《靈憲》中加入的卜筮情節，爲前面三個記載所無。卜筮情節的增加，使即將奔月的嫦娥獲得安全感，但是有黃的惡意欺騙則是渴求不死的欠缺；除了再以「懲罰」解釋外，袁珂的仙話之說庶幾可爲註腳。〔註66〕

以上是以后羿神話爲主，對嫦娥奔月所作的考察，幫助我們了解奔月神話可能的流傳方向及範圍；其次由古籍記載出發，使我們得知南北朝以前奔月神話的繁衍狀況；而傳播及心理分析觀點，則有助於嫦娥奔月的流行因素作一剖析。

〔註64〕王逸《楚辭集注》引《列仙傳》文，以崔文子、王子僑之事詮釋此段文字，但是聞一多《天問疏證》頁 62 及顧頡剛、童書業〈夏史三論〉頁 22，均以嫦娥食藥奔月解釋此段文字。

〔註65〕同註63袁珂文。

〔註66〕同前註。

第三節　奔月神話對月宮神話之整合

　　「顧菟在腹」的不同詮釋，使得月中之物有月兔、月亮、蟾蜍等異說；嫦娥奔月化爲蟾蜍，更連結整個月宮神話，成爲完整的月宮神話系統。如張金儀所說：

> 先民爲解釋變異無常的自然現象而形成的神話，至兩漢時期，由於社會組織、政治組織的統一整序，使得神話也整齊化、系統化，原先日中金烏、羿射九日、西王母、玉兔搗不死藥、月中蟾蜍，都是個別的神話故事，但自從有了嫦娥竊藥奔月宮的故事之後，便把它們合成一個整體，經過文學家的修飾、詩人墨客的遐想，遠古無秩序的神話，至漢朝便漸漸合理化而有系統。〔註67〕

若欲總綱領攝契，探析奔月神話如何統攝月宮神話，則由整合基點、整合之意識形態著手，不失爲可行方向。

一、整合之基點

　　李艷梅認爲：

> 欲探討嫦娥本身的神話象徵意義，可從三個角度來考察，一是飛奔至月情節，二是奔月爲月精，三是奔月變形爲蟾蜍。此三者分別奠定於「空限」（前者）與時限（後二者）的基點上。〔註68〕

所謂「空限」，或指奔月的空間轉移；而所謂「時限」，則或指變形至奔月的時間緊迫。由此導出奔月神話整合月宮神話的要素：飛翔與變形。飛翔之象徵前節已論，故此僅就變形分析。

　　變形即變易形體之義，包括物類的自形變易，和物類間的形體轉換，亦即爲存在形式的改變。〔註69〕嫦娥的變形可以神話敘述和考古文物互相參

〔註67〕見張金儀《漢鏡所及映的神話傳說與神仙思想》頁52，台北，國立故宮博物館，民國70年7月初版。

〔註68〕見李艷梅《唐詩中月神話運用之研究》頁33，輔仁大學中文所碩士論文，民國78年1月。

〔註69〕此據唐韻梅《六朝小說變形觀之探究》頁13之定義，台灣大學中文研究所論文。變形一詞源自西洋神話術語－Metamorphose，主要是以魔法或任何超自然力量去改變形體之意義。羅馬詩人奧維德曾貫穿了希臘神話、詩歌和羅馬民間傳說等變形故事，寫成變形記一書，而後德國哲學家卜西勒在《人論》中，探討神話特質，歸納出變形的律則，學者將之運用在中國神話裏討論。李豐楙則認爲基於本土神話的特質和道教變化成仙的觀念，應稱「變形」爲

驗，以尋索神話整合的印跡。

（一）神話敍述

神話敍述裏的嫦娥變形可概分爲二，即變形爲月精與變形爲蟾蜍。

1. 變形爲月精

李艷梅對嫦娥變形爲月精曾有闡發：

> 「精」或「靈」的觀念，事實上，早已存在於上古人及原始部族的心中，根據人類學家馬凌諾斯基實地田野調查的研究可知，由於他們不願把死亡看成結束，不敢承受完全停止和毀滅的想法，因此，便自然產生靈魂和精神不死的概念，而有一種精神長存和死後復生的自慰信仰。這種概念亦可在已有文字的先秦戰國時期看出端倪。此「精」的觀念非常盛行於戰國末期。雖然，在使用文字時，未必會有如莊子上指道而下指心的嚴格意義，但是，在基本上，已經承認了在人生命之中，有一種可稱爲「精」的東西。雖然不可見，但萬化已因此「精」的活動而生育、成長，如此想望能亙古存在的心願，即已投射在嫦娥奔月爲月精的神話中，自嫦娥吞不死藥從「奔月」的歷程到「爲月精」，便象徵了始自有限，而向永恆不死追求的勇氣與努力，也象徵了其已超脫形體所限的意義。當然，爾後「精」遂轉爲月中之物的通稱詞，如兔、蟾蜍，甚或桂，都可稱是一種「月之精」。〔註70〕

這一段話包括幾個意義：

1. 人類由於畏懼死亡而產生「精」或「靈」的觀念，這種觀念在中國醞釀於先秦，盛行於戰國。
2. 嫦娥奔月爲月精蘊含精靈觀念，象徵人類探求不死的勇氣與努力。
3. 爾後「精」轉爲月中之物的通稱詞，如兔、蟾蜍或月桂，都可稱月精。

其中第三點迨爲李氏的創見，嫦娥之爲月精，本來沒有說明究爲何物、何職司，但是李氏認爲：嫦娥爲月精後，「月精」轉爲月中物的通稱。此將嫦娥與其他月中之物連繫一起。

變化，尋索出變、化的字源取象於蠶化爲蛾，人的老幼異狀。參見李豐楙〈不死的探求—從變化神話到神仙變化傳說〉，《中外文學》十五卷五期，頁69～41，民國75年10月。

〔註70〕見註68李艷梅書，頁35。

2. 變形為蟾蜍

嫦娥「托身於月，是爲蟾蜍」結合了嫦娥與月蟾神話，而就月蟾神話可上溯〈天問〉「顧菟在腹」，引出其他月中之物，是以嫦娥與月蟾神話的連結，等於嫦娥神話整合了月宮神話。樂蘅軍認爲，從嫦娥變形爲蟾蜍的構思看，已經在不死的信仰裏滲入懷疑論的陰影，它不再是單純地直呈信仰的故事，而是帶著幾分辯證的姿態，提出兩極的問題：是成功或是失敗？是生或是死？是信或是不信？在這兩極點上，故事受著焦急而迫切的追問，這是此一神話的眞正困境：

> 嫦娥進退於生死維谷中，而生命正分秒地消失，所以嫦娥的恐懼，不是害怕不能向羿交代，甚至向羿對抗，而是這一對生命不停逝去而終無過止的恐懼。除非逃到另一個世界，除非把一個正逐漸死去的軀體掩飾起來，嫦娥將忍受赤裸暴露在死亡前的痛苦。於是嫦娥只有奔月變形了。當知服不死藥時只一味迫於生，如今卻變成了要從這令人受窘的形體前急急逃開。只有逃開這形體，這迫人眉睫的生死質詢，才不再能迫害生命的存活。如此，嫦娥奔往月中，變成了蟾蜍。〔註71〕

神話是口語文學的簡捷化，而樂蘅軍所說的「困境」則是經過文學化、美化的周折的會解，可以聊備一格。

（二）考古文物

馬王堆出土一號漢墓帛書「非衣」天國部分，在太陽和扶桑樹的另一方，一彎鐮月上，有一隻大蟾蜍和一隻體積較小的兔子，兩旁雲氣繚繞。鐮月下是一位女子，坐在龍翅上，兩手托起月牙。這幅帛畫出現的時間是西漢，與定型後的嫦娥神話相去不遠，畫面上又同時有兔和蟾蜍，關鍵在於乘龍托月的女子是不是嫦娥，如果是，可以說明至遲在西漢，月宮神話已大致整合完型。

王伯敏提出兩個理由，認爲此畫描繪的不是嫦娥奔月：〔註72〕

1. 在古代，凡提到嫦娥與月亮的關係，總是以「奔月」爲其行動特徵。這幅畫中天上部分的女子，卻是屈膝坐在應龍的翅膀上，既非「作奔

〔註71〕 見樂蘅軍〈中國原始變形神話試探〉，收於《古典小說散論》頁34，台北，純文學出版社，民國73年12月初版。

〔註72〕 參見王伯敏〈馬王堆一號漢墓帛畫並無「嫦娥奔月」〉，《考古》1979年三期，頁273～274。

月狀」，更非「正凌空奔來」。任憑月下有個女子，很難斷定她就是嫦娥。

2. 據典籍記載，嫦娥奔月以後，化爲蟾蜍。今帛畫上女子與蟾蜍並存，可見此女子不是化爲蟾蜍的嫦娥。

王伯敏從帛畫的畫法上，認爲此女子不是嫦娥。但是，女子與蟾蜍並存，不能作爲此女子不是嫦娥的證據。今觀帛畫，很明顯的，畫上將天下景象作一完整的呈現，凡天上有的景物均援之入畫。太陽與月亮既可同時出現，那麼嫦娥和蟾蜍同時出現自不悖常理。而據漢魏以來畫像、石棺以及墓室壁畫上習見的日神擎日、月神擎月的圖像分析，此女子爲嫦娥的可能性更大。

至於帛畫上的女子乘龍托月，與嫦娥奔月的行動特徵不符，宜置於漢代的社會背景考察。「出天遊」的思想要求，早在《楚辭》已有淋漓盡致的表現，〈離騷〉：「駟玉虯以乘鷖兮，埃風余上征。」〈九章・涉江〉：「駕青虯兮驂白螭，吾與重華游兮瑤之圃。」〈九歌〉諸神上天下地，也是乘龍來去。如〈大司命〉：「乘龍兮轔轔，高馳兮衝天」、〈東君〉：「駕龍舟兮乘雷，載雲旗兮委蛇」等。漢代死後靈魂升天的思想更深入社會，《漢書・劉通傳》載文帝劉恆把夢中助他上天的劉通提升官職，即爲一例。漢人描繪乘龍升天的畫像很多，山東嘉祥、河南鄭州等地出土的石刻、磚刻，都有乘龍的畫像。〔註73〕基於此，馬王堆一號漢墓帛畫天上部分的乘龍女子，極可能被賦予求不死的象徵，以嫦娥的托身於月，象徵墓主靈魂升天。

因此，此畫天上部分的女子應是嫦娥無疑。誠如鍾敬文所說，這個看法雖然不能說完全沒有遺漏，但是我國古代月亮神話裏的一些主要事物已經被表現在一起。〔註74〕而漢畫有關月宮神話的作品中，馬王堆一號漢墓帛畫尤具代表性。嫦娥的變形融合玉兔和蟾蜍等要素，在西漢已整合完成。

二、整合之意識形態

此所謂意職形態，泛指初民所信持的一套根本思想或根本價值主張。奔月神話整合之意識形態約有以下數種：

〔註73〕 參見〈石索武梁祠石刻畫像〉、〈鄭州新通橋漢代畫像空心磚墓〉、《文物》1972年十期。

〔註74〕 參見鍾敬文〈馬王堆漢墓帛畫的神話史意義〉，收於鍾著《民間文學論集》頁134，上海文藝出版社，1985年6月第一版。

（一）圖騰信仰

圖騰一詞從北美奧日貝人的土語轉化而來，〔註75〕涂爾幹界定其意義為：

> 圖騰是一種生物或非生物，大多數是植物或動物，這團體自言出自
> 牠，牠並作為團體的徽幟及他們共有的姓。〔註76〕

圖騰信仰認為人的生命既出自他所屬的圖騰物，所以一方面有這圖騰的特
性，一方面他生自圖騰，所以他的死亡，是又回到他的圖騰物去。從圖騰物
和人之間存在如此密切關係的啓示下，我們可以了解：原始神話裏，人忽然
間變成一個動物，甚至無生物，並不是初民毫無根由的幻想，而是他們對生
命觀的闡釋和宗教信仰的表露，槃瓠神話即是一例。〔註77〕何聯奎也認為牛
首龍顏、人首蛇身之類，都含有圖騰的意味。〔註78〕

在探究嫦娥變形為蟾蜍時，可追溯出與早期的圖騰崇拜有極大關聯。涂
元濟、涂石認為：蟾蜍除了象徵醜惡外，還有使人長壽、避五兵的功能，而
且初民曾用牠為氏族圖騰；〔註79〕李艷梅認為月中蟾蜍具有三層意義：一為
繁衍孕育的早期圖騰象徵，二為長壽、長生不絕的意義，三則歸因於其嘴大
可怖之外形，而為月虧說明之意義，〔註80〕二人均肯定月中蟾蜍與圖騰信仰
有關。

考古文獻資料證明，古代確有以蛙為圖騰的氏族。嚴文明《甘肅彩陶的
源流》一文中說：

> 仰韶文化的半坡類型與廟底溝類型分別屬於以魚和鳥為圖騰的不同
> 部落氏族，馬家溝文化屬於分別以鳥和蛙為圖騰的兩個氏族部
> 落。……在我國古代的神話傳說中，有許多關於鳥和蛙的故事，其
> 中許多可能和圖騰崇拜有關。後來，鳥的形象逐漸演變為代表太陽

〔註75〕 參見岑家梧《圖騰藝術史》頁9，台北，駱駝出版社，民國76年版。

〔註76〕 轉引自李宗侗《中國古代社會史》頁2～3，台灣中華文化出版社事業委員會，
民國43年版。

〔註77〕 畬民族祀槃瓠為始祖。最初是高辛王王后耳痛，挖出一條蠶形蟲，養在盤子
裏，忽然變成龍犬，取名槃瓠。槃瓠因為立了戰功，要取高辛公主，便要求
公主把牠放在金鐘裏，預言七天七夜變成人。公主第六天就打開金鐘，結果
還剩下一個頭未變，仍舊是犬。參見《古史辨》第七冊收楊寬《中國上古史
導論》，頁171。

〔註78〕 轉引自註71樂蘅軍書，頁11。

〔註79〕 參見涂元濟、涂石〈論嫦娥奔月神話〉，收於袁珂主編《中國神話》第一集，
頁17。中國民間文藝出版社，1987年6月第一版。

〔註80〕 見註68李艷梅書，頁39。

的金烏，蛙的形象則逐漸演變爲代表月亮的蟾蜍。〔註81〕
蕭兵、孫作雲也有類似看法。〔註82〕此外，從漢畫像磚中屢以日烏、月蟾並
舉，以及在漢規矩鏡中，蟾蜍與麒麟等並列的情形來看，〔註83〕蟾蜍之爲圖
騰的可能性更大。嫦娥化爲蟾蜍，正是圖騰信仰的體現。

（二）泛靈信仰

泛靈信仰是此圖騰信仰更基本、更原始的生命觀，它把宇宙萬有，無論
有生無生，都融合爲一個貫通的統一性存在。誠如卡西勒所說：

> 對神話和宗教的感覺而言，自然變成了一個偉大的社會，一個生命
> 的社會，在這個社會中，人還未被賦予一種突出的地位，人和動物、
> 動物和植物，都是在同一個平面上的。〔註84〕

初民透過情感與信仰的尋求和強化，每一個生命都成了無限擴大的存在，從前
章討論蟾蜍生物特徵及本章第一節探討析恆娥與月蟾神話，已得蟾蜍可能相當
於薩滿的輔助靈之結論；恆娥是具有巫術能力的薩滿，而蟾蜍是這位巫師作法
時的化身，也是他強大法術能力的證明。如此，嫦娥化爲蟾蜍，正是初民泛靈
信仰的表露，在泛靈信仰下，嫦娥變形爲蟾蜍也得以在漢初互識無礙。

（三）圓形時間觀

「圓形時間觀」爲王孝廉提出，意指一種具有無限恢復的可能性的時間
信仰，由這信仰產生了在圓形周期的時間之中一切再生的願望。〔註85〕蟾蜍
和兔子由於生物特徵與月之盈虧有類比的關係，因而被賦予不死與再生的象
徵，將之置於月中，嫦娥奔月爲月精、蟾蜍，更結合蟾蜍、玉兔的不死象徵，
在圓形回歸的時間觀燭照下，暗示欲從時間的有限中解脫，可藉由回歸至原
來生命的起點達成。〔註86〕而根據容格的看法，嫦娥奔月正象徵一種超越性
的解脫，〔註87〕同時也預示進一步超越死亡的可能性。

〔註81〕見嚴文明〈甘肅彩陶的源流〉，收於《文物》1978 年 10 月。
〔註82〕參見孫作雲〈后羿傳說叢考〉，收於《中國學報》及蕭兵〈馬王堆帛畫及楚辭
二則〉，收於《江蘇師院學報》1980 年一期。
〔註83〕參見註 67 張金儀書，頁 22。
〔註84〕見卡西勒《人論》頁 94～95，台北，結構羣，民國 78 年 9 月版。
〔註85〕參見王孝廉《神話與小說》頁 92，台北，時報出版公司，民國 75 年初版。
〔註86〕Mircea Eliade "Myth and Reality" translated from the French by Millard R. Trask
PP 78, 79.
〔註87〕參見容格等著，黎惟東譯《人類及其象徵》頁 179，台北，好時年出版社，民
國 73 年再版。

綜上所論，奔月神話胎始於后羿神話，上承羲和等月亮神話，並滙集月宮神話的其他要素－蟾蜍與玉兔，在西漢典籍及考古資料裏得到展現。

附表一

書　名	篇　名	内　容
楚　辭	離騷	羿淫遊以佚畋兮，又好射乎封狐。固亂流其鮮終兮，浞又貪夫厥家。澆身被強圉兮，縱欲而不忍，日康娱而自忘兮，厥首用夫顛隕。
	天問	羿焉彈日？烏焉解羽？……帝降夷羿，革孽夏民。胡射乎河伯，而妻彼雒嬪？馮姚利決，封豨是射。何獻蒸肉之膏，而后帝不若？浞娶純狐，眩妻爰謀。何羿之射革，而交吞揆之？阻窮西征，巖何越焉？……白蜺嬰茀，胡爲此堂？安得夫良藥，不能固藏？
左　傳	襄公四年	魏絳曰：「夏訓有之，曰有窮后羿。」公曰：「后羿何如。」對曰：「昔有夏之方衰也，后羿自鉏遷於窮石，因夏民以代夏政，恃其射也，不脩民事，而淫於原獸。棄武羅、伯因、熊髡、尨圉，而用寒浞。寒浞，伯明氏之讒弟子也，伯明后寒棄之。夷羿收之，信而使之，以爲己相。浞行媚於內，而施賂於外，愚弄其民，而虞羿於田。樹之詐慝，以取其國家，外內咸服。羿猶不悛，將歸自田，家眾殺而烹之，以食其子。其子不忍食諸，死於窮門。靡奔有鬲氏。（杜曰靡，夏遺臣事羿者。有鬲，國名，今平原鬲縣。），浞因羿室生澆及豷。恃其讒慝詐僞，而不德於民。使澆用師滅斟灌及斟尋氏，處澆於過，處豷於戈。靡自有鬲氏收二國之燼以滅浞，而立少康。少康滅澆於過，后杼滅豷於戈。有窮由是遂亡，失人故也。昔周辛氏之爲太史也，命百官，官箴王闕。於虞人之箴曰：「芒芒禹跡，畫爲九州，經啓九道，民有寢廟，獸有茂草，各有攸處，德用不擾，在帝夷羿，冒於原獸，忘其國恤，而思其麀牡，武不可重，用不恢於夏家。獸臣司原，敢告僕夫。」
	昭公二十八年	昔有仍氏生女，鬒黑而甚美，光可以鑑，名曰玄妻。樂正后夔取之，生伯封，實有豕心，貪惏無饜，忿纇無期，謂之封豕，有窮后羿滅之，夔是以不祀。
山海經	海外南經	羿與鑿齒戰於壽華之野，羿射殺之，在昆侖虛東，羿持弓矢，鑿齒持盾，一曰戈。
	大荒南經	有人曰鑿齒，羿殺之。
	海內經	帝俊賜羿彤弓素矰以扶下國，羿是始去恤下地之百艱。
	海內西經	海內崑崙之虛，在西北，帝之下都，崑崙之虛，高萬仞，上有木禾長五尋，大五圍，西有九門，門有開明獸守之，百神之所在，在八隅之巖，赤水之際，非仁羿莫能上岡之巖。

莊　子	德充符	遊於羿之彀中。
	山木	王獨不見夫騰猿乎？其得柟梓豫章也，攬蔓其枝而王長其間，雖羿、逢蒙不能眄睨也。
	庚桑楚	羿工乎中微而拙乎使人無己譽。
	庚桑楚	一雀適羿，羿必得之，威也。
	徐無鬼	射者非前期而中，謂之善射；天下皆羿也，可乎？
論　語	憲問篇	南宮适問於孔子曰：「羿善射，夏盪舟，俱不得其死然。禹稷躬稼而有天下。」夫子不答。南宮适出，子曰：「君子哉若人，尚德哉若人！」
孟　子	離婁篇	逢蒙學射於羿。盡羿之道，思天下惟羿為愈己，於是殺羿。孟子曰：「是亦羿有罪焉。」公明儀曰：「宜若無罪焉？」曰：「薄乎云爾！惡得無罪！……」
	告子	羿之教人射必志於彀，學者必志於彀。
	盡心	大匠不為拙工改廢繩墨，羿不為拙射變其彀率。
荀　子	君道篇	羿之法非亡也，而羿不世中；禹之法猶存，而夏不世王。
	君道篇	羿者，天下之善射也。無弓矢，則無所見其巧。……弓調矢直矣，而不能以射遠中微，則非羿也。
	解蔽篇	倕作弓，浮游作矢，而羿精於射。
墨　子	非儒篇	儒者曰：「……君子循而不作。」應之曰：「古者羿作弓，好作甲，奚仲作車，巧垂作舟，然則今之鮑函車匠皆君子也，而羿、好、奚仲、巧垂皆小人邪？」
管　子	形勢篇	羿，古之善射者也，調和其弓矢而堅守之；其操弓也，審其高下，有必中之道，故能多發而多中。……道者，羿之所以必中也；……射者，弓弦發矢也，故曰，羿之道非射也。
韓非子	守道	寄千金於羿之矢，則伯夷不得亡，而盜跖不敢取。……羿巧於不失發，故千金不亡。
	用人	發矢中的，賞罰當符，故堯復生，羿復立。
	外儲說	不以儀的為關，則射者皆如羿也。
	外儲說	設五寸之的，引十步之遠，非羿、逢蒙不能必全者，有常儀的也。……有常儀的，則羿、逢蒙以五寸為巧。
	難三	宋人語曰：「一雀過羿，必得之。」則羿誣矣。
	說林下	惠子曰：「羿執鞅持扞，操弓關機，越人爭為持的；弱子扞弓，慈母入室閉戶。」故曰：「可必，則越人不疑羿；不可必，則慈母逃弱子。」
呂氏春秋	勿躬	夷羿作弓。
	勿躬	炎帝於火，死而為竈；禹勞天下，死而為社；后稷作稼穡，死而為稷；羿除天下之害，死而為宗布。

淮南子	脩務訓	羿左臂脩而善射。
	說山訓	羿死桃棓不給射，慶忌死劍鋒不給搏。
	本經訓	逮至堯之時，十日並出，焦禾稼，殺草木，而民無所食，猰貐、鑿齒、九嬰、大風、封豨、脩蛇皆爲民害。堯乃使羿誅鑿齒於疇華之野，殺九嬰於凶水之上，繳大風於青丘之澤，上射十日，而下殺猰貐，斷脩蛇於洞庭，禽封豨於桑林。萬民皆喜，置堯以爲天子。
	覽冥訓	羿請不死之藥於西王母，姮娥竊以奔月。悵然有喪，無以續之。
	說林訓	羿之所以射遠中微者，非弓矢也。
	說林訓	百發百中，必有羿、逢蒙之巧。
	原道訓	射者扞烏號之弓，彎棋衛之箭，重之羿、逢蒙之巧，以要飛鳥，猶不能與羅者競多。
	齊俗訓	羿以之射。
	兵略訓	弓矢不調，羿不能以必中。
	俶眞訓	雖有羿之知而無所用之。
	詮言訓	羿死於桃棓。
史記	龜策列傳	羿名善射，不如雄渠、逢蒙。
古文苑	太僕箴	昔有淫羿，馳騁忘歸。
	上林苑令箴	昔在帝羿，共田徑游，弧矢是尚，而射夫封豬；不顧於愆，卒有後憂。
鹽鐵論	論菑	羿敖以巧，力不得其死。
說文	四，羽部	羿，羽之羿風，亦古諸候也，一日射師。
	十二，弓部	羿，帝嚳射官，夏少康滅之。以弓年聲。論語曰：「羿善射。」
後漢書	崔駰傳	吾生無妄之世，值堯羿之君，上有老母，下有兄弟。安得獨潔己而危所生哉！」
水經注	河水注	大河故瀆，西流逕平原鬲縣故城西，〈地理志〉曰鬲津，故有窮后羿國也。應邵曰：鬲，偃姓，咎縣後。
文心雕龍	諸子	〈歸藏〉之經，大明迂怪，乃稱羿斃十日，姮娥奔月。
全上古三代秦漢六朝文	靈憲	羿請不死之藥於西王母，姮娥竊以奔月。將往，枚筮之於有黃。有黃占之曰：「吉。翩翩歸妹，獨將西行，逢天晦芒。勿驚勿恐，後且大昌。」嫦娥遂托身於月，是爲蟾蜍。

附表二

書篇＼類目名數	名數	活動時間 夏	有窮	堯	嚳	情節單元 善射 作甲	射殺凶獸	射河伯	射日	精於射	探求不死 嫦娥	西王母	登昆侖	不死藥	下場 逢蒙	寒浞	桃涪	不得其死	活動方向或範圍
楚　辭	2	1	／	／	／	／	2	1	1	／	1	／	1	1	／	1	／	1	1
左　傳	2	1	2	／	／	／	2	／	／	1	／	／	／	／	／	1	／	1	2
山海經	4	／	／	／	1	／	2	／	／	2	／	／	2	／	／	／	／	／	1
莊　子	5	／	／	／	／	／	／	／	／	5	／	／	／	／	／	1	／	／	／
論　語	1	／	／	／	／	／	／	／	／	1	／	／	／	／	／	／	／	／	／
孟　子	3	／	／	／	／	／	／	／	／	3	／	／	／	／	1	／	1	／	／
荀　子	3	／	／	／	／	／	／	／	／	3	／	／	／	／	／	／	／	／	／
墨　子	1	／	／	／	／	1	／	／	／	／	／	／	／	／	／	／	／	／	／
管　子	1	／	／	／	／	／	／	／	／	1	／	／	／	／	／	／	／	／	／
韓非子	6	／	／	1	／	／	／	／	／	7	／	／	／	／	／	／	／	／	／
呂氏春秋	2	／	／	／	／	1	／	／	／	／	／	／	／	／	／	／	／	／	／
淮南子	11	／	／	1	／	／	1	／	1	6	1	／	／	1	2	／	2	／	1
史　記	1	／	／	／	／	／	／	／	／	1	／	／	／	／	／	／	／	／	／
古文苑	2	／	／	／	／	／	／	1	／	／	／	／	／	／	／	／	／	／	／
鹽鐵論	1	／	／	／	／	／	／	／	／	／	／	／	／	／	／	／	／	1	／
說　文	2	1	／	／	1	／	／	／	／	2	／	／	／	／	／	／	／	1	／
後漢書	1	／	／	／	／	／	／	／	／	／	／	／	／	／	／	／	／	1	／
水經注	1	／	1	／	／	／	／	／	／	／	／	／	／	／	／	／	／	／	／
文心雕龍	1	／	／	／	／	／	／	／	1	／	1	／	／	／	／	／	／	／	／
靈　憲	1	／	／	／	／	／	／	／	／	／	1	1	／	1	／	／	／	／	／
總　計	51	3	3	2	2	2	8	1	3	34	4	2	3	3	5	3	2	7	5

第四章　小說中之月宮故事

　　月宮故事從神話、傳說的傳承演變，內容漸趨龐大，敘事漸成系統。而小說繼神話傳說之往，開民間故事之來，不但以任意、虛構的特徵取代神話以民族為中心的具體性，而且真正脫離了神話領域的神聖禮儀，為民間故事的更多活動空間打下基礎。正如坎培爾所說：

> 當我們不是在什麼是神話，而是在神話如何起作用，它在過去如何
>
> 服務人類，在今日又如何服務人類等方面仔細考察時，就會發現神
>
> 話像世事一樣，順從著個人的、種族的、時代的成見與要求。〔註1〕

所謂「順從著個人的、種族的、時代的成見與要求」正可分別指陳月宮故事影響小說、民間故事和風俗的層面。小說是文人創作，以內容而言，不同於民間故事種族特徵的顯著，和社會風氣對風俗的領導作用；以語言而言，文人文學的跌宕繁複自也有別於民間口傳文學的質樸無華。本章即由內容、語言、美學三個層次分析小說中的月宮故事。時代從明、清到民初為斷限，以這期間的小說為主，選出十本十二則小說，內容短至一詞、一節、一章，長至數卷、一本書，凡述及月宮皆為分析對象。

第一節　故事梗概與情節分析

一、故事梗概

　　小說情節可以說是關於人物和事件的系統，因此在我們對這些敘事進行

〔註 1〕錄自大衛・李明著，閻雲翔譯〈神話的意義〉，收於袁珂主編《中國神話》第一集，頁 355，中國民間文藝出版社，1987 年 6 月第一版。

分析之前，首先必須把它們縮減爲一系列主要的事件或情節，隨即對這一系列的事件和情節進行分析。即使概述「還不構成藝術的要素，……而是一種先文學性的材料」。〔註2〕

以下關於內容的概述，大抵據小說問世先後次序爲憑依，並列出篇次、回次或卷次，以資參考。

1. 《開闢演義》〔註3〕三八至四○回：帝堯時十日並出，祝禱無效，武臣平羿出班奏請射日平邪火。次日，平羿左帶千斤硬弓，右插狼牙鐵箭，飛身上馬，東走西馳，連下九日。帝堯於是封羿爲落陽侯。其後羿又奉命除大風、猰貐、封豨、修蛇等四害，因而受封爲總平侯。平羿既立此數件大功於世，自以得意，散朝回家，見妻嫦娥出迎，手執藥丸一顆，稱此爲西王母憐嫦娥獨宿，夜夜相伴，遇明月時則呼侍女搗成不死藥，約半月後到此取討。平羿慫恿嫦娥私吞，遂奔入月宮。羿緊攬其衣，亦隨之而入月宮，化爲蟾蜍。

2. 《有夏志傳》〔註4〕卷二至卷三：夏太康時有窮之君后羿，原爲太康之忠臣，爲人神勇奇技，能一手舉千斤，射無發不中。因太康終日飲酒，不理政事，故后羿遠遊。凡行十三萬餘里，得西王母指點，採得不死藥及不死草，回到夏都。太康大喜，予以重用。然后羿又遭奸臣武觀所譖，太康怒奪后羿職，放之歸有窮國。放歸途中，武觀派共工率兵追擊，后羿將他殺敗，並想一舉而殺武觀，因武羅伯規勸方罷。後來太康因武觀而得知羿新得戎女嫦娥，色絕天下，願封羿幽州之地以換嫦娥。后羿原不肯，武羅伯勸之「麗人者，國之賊也；專寵者，家之賊也；縱欲者，身之賊也。失三賊而得幽州，何慮而不爲…」羿遂地而遣嫦娥。嫦娥性巧而貞靜好潔，內惡太康之鳩拙，外懼后羿之得地忘情，因竊后羿不死藥、不飢珠，借應龍之馬，駕羿車而逃。行至半路，忽然體健身輕，乃釋車乘馬飛行而南，走萬餘里。過蒼梧之山，祀於帝舜之妃，遇人身豹尾之西王母，指點嫦娥奔向大荒之南。其處有日月之山，山有二岩，日岩多暖，月岩多涼。嫦娥性喜清涼，遂於月岩構石爲宮，就此安頓。旁有大婆娑樹，下有玉兔，嫦娥遂爲月宮之神。

3. 《七十二朝人物演義》〔註5〕卷一三：唐堯時偃羿，家世楚鄉，原爲

〔註2〕參見安德列・尼耶著，萬勝譯《悲愴與詩意—結構主義作品分析》頁45，湖南人民出版社，1988年5月第一版。

〔註3〕參見《中國近代小說史料續編》八，台北，廣文書局。

〔註4〕收於《明清善本小說叢刊初稿》，台北，天一出版社。

〔註5〕收於《明清善本小說叢刊初編》第一輯，台北，天一出版社。

庶民，幼失怙恃，自成自立，受封爲有窮之君。以楚弧父爲師，勤練箭法。學成之日，楚弧父以寶弓桑弧一口及寶箭雕翎箭百枝贈羿。後來偃羿奉命到河邊治水，桑弧及雕翎箭光彩逼天，驚動河伯夫婦，河伯夫婦乃親至怒濤上觀看。河伯之妻是宓國之女，名爲宓妃，小字嫦娥，見偃羿身上弓矢有寶光，想此人他日必成神仙，而自己身居小國，不過爲水神，因而見異思遷，心想改嫁偃羿，名列上清。於是趁河伯出遊，改作民裝，逃出水府，奔赴羿寓，訴衷情，自薦枕席，成爲夫婦。河伯聞訊趕來，爲羿所殺。偃羿既平水患，受封爲少司馬，又在收服風妖途中，從王母處得一粒九轉還丹。這粒仙丹需先存神定慮八十一日，然後吞服，始能致長生之效。偃羿不得空修心養性，因此將仙丹重重包裹，以絹囊盛貯，隨身攜帶。恰巧十日並出，羿奉命射日，因恐仙丹不慎丟失，於是將它偷偷藏在梁上。嫦娥家居無事，四處闖蕩，忽見梁上紅光焰焰，光彩逼人，又聞香氣撲鼻，知是仙丹，私心遂起。吞下之後，頓覺身輕體健，目朗神清，但恐羿不甘心，於是決定投奔西王母，便向西行，不覺風生足下，頃刻千里。嫦娥心想：我只道服藥可以長生，原來還能騰雲駕霧。尋思之際，天色已晚，明月懸空，清光可愛。嫦娥道：我一向愛月，今夜月色如此，且慢投往西王母，先到月中一看也好。心中一舉此念，便自上升，頃刻工夫，早到月中，見許多婆娑之樹。嫦娥想道：有這許多婆婆娑娑之樹，雖不知其名，盡可造作宮殿，在此安居，何必更往西極之內！才想得過，忽見一老叟持巨斧迎來，稱：「吾乃吳剛，聞知娘娘要伐木造殿，特來助力。」自此以後，嫦娥無所不通，無念不遂，竟爲上界天仙。而偃羿回家後，人藥兩失，疑嫦娥逃回家鄉，上馬追趕三天三夜，不見蹤影。正疑惑間，忽聽空中人語，仰天視之，只見嫦娥立於雲表，言已奔入月宮，偃羿正要用箭射去，嫦娥忽然不見。

4. 《神仙鑑》〔註6〕卷三：帝堯時羿原是個奇偉男子，於市中貨繳，時謂之繳父。堯出巡至淮陽，他手挽弓矢進見，帝愛其神技，呼之曰羿，回都用爲木正，並命羿平風日諸怪。羿望并州進發，至高梁，見河水騰發，洶湧如雲山湧至，忙往洪濤射去，水勢稍却。羿尾後追去，射中河伯左目，諸水神逐浪而散。急流中一女子疾走，羿知其爲河伯冰夷之妹姮娥，遂發矢，僅中其髻。姮娥感其不殺，願奉箕帚，羿遂攜歸見帝，歷奏其事。帝深慰勞，賜宴完姻。後來羿又奉命除猰貐等三害，中途遇金母，請不死之藥。金母因

羿爲木正，令羿於慶雲山腰建造十六處宮殿，再以金丹一粒爲酬，臨別且叮嚀金丹需要靜養年服之，若躁意遽食，必罹咎殃。羿回家後，藏金丹於梁間深處，終日靜養。將數月，羿又奉命往除南山鑿齒之害。姮娥在家，獨處無聊，閒步堂中，猛見梁上白光旋舞，異香盈室，乃駕木升視，探得金丹。懼羿威力，未敢竊食。聞東市有黃先生善筮，帶女使往卜。有黃爲筮之，卦成曰：「吉。」嫦娥遂服金丹，身輕如翼。羿歸，見嫦娥神情恍惚，疑之。至晚視金丹已失，急入臥房尋問。嫦娥推窗逃避，忽覺風生兩腋，乘空直上。羿問女使所以，挽弓追來，遠見姮娥如蟾蜍之小，復縱身踴上，一陣罡風，吹羿如黃葉墮下。結果姮娥飛入月宮。而後羿得東華帝君指點，認爲凡事皆有定數，且羿功行已完，合證天仙之位，因他曾有功於日，遂居日宮。並賜羿赤苓糕，執太陰玄符，至月府會嫦娥。

5. 《西遊記》〔註7〕十九回，以古體詩敘述八戒降仙因果。天蓬元帥參加王母蟠桃會，酒醉誤入廣寒宮，見嫦娥貌美，凡心大起，扯住嫦娥要陪歇。驚動糾察靈官，上奏玉皇大帝，被諸神拿住，押赴靈宵寶殿，虧得太白星君言說，免其死罪，改刑二十鎚，貶出天關，投胎爲豬。

6. 《西遊記》九五回：唐三藏一行至天竺國，巧遇天竺國公主拋繡球招親，三藏得彩球，愁眉不展。行禮時悟空變作蜜蜂，飛入朝中，識破公主爲妖怪所變，因現本相，使法擒妖。妖精見事不諧，於是解剝衣裳，摔落首飾，取出碓嘴樣短棍與悟空金箍棒相迎。鬥經半日，不分勝敗，悟空乃變棒爲花，好似蠅遊蟒攪，亂打妖邪，妖邪抵受不住之際，因道其兵器爲廣寒宮中搗藥杵，己則久居蟾宮，欲配唐僧了宿緣。妖邪轉戰，大聖隨後追襲，忽至一座大山，妖精按金光鑽入山洞，寂然不見。悟空暗記此山規模，反告三藏，復入山尋找，並喚山中土地、山神審問，二神陪伴悟空尋找，始於絕頂上窟中尋得妖怪。妖怪與悟空又戰，節節敗退，危急之際，太陰星君帶姮娥仙子趕至，使道此事因由。原來妖怪乃廣寒宮搗玄霜仙藥之玉兔，而公主原爲蟾宮素娥。十八年前素娥打玉兔一掌，思凡下界，投胎於正宮皇后之腹，得以降生。玉兔懷一掌之仇，故私走出宮，拋素娥於荒野。後來太星喝令玉兔現原身，領姮娥及玉兔逕上月宮而去。

〔註7〕《西遊記》十九回：〈雲棧洞悟空收八戒‧浮屠山玄奘心經〉，九五回：〈假合真形擒玉兔‧真陰歸正會靈元。〉

7.《女仙外史》：〔註8〕蟠桃會上，嫦娥得知即將下凡之暗示，散會後正百思不解，忽天狼星硬闖廣寒宮，欲向嫦娥求婚，嫦娥嚴詞拒絕，二人因而結下宿怨。嫦娥下凡爲唐賽兒，主生殺劫數，掌中原兵災，令嵩嶽眾仙俯首貼耳，聲威足以號令天下，與天狼星下凡之明天子作對，以償業報仇，且因嫦娥與后羿尚有半年夫婦之緣未盡，故嫦娥下凡後，與后羿降生之林三結夫婦。九七回燕王死於榆木川，嫦娥仍返廣寒宮爲太陰仙子。臨行信筆揮二絕以爲其降生之論定：「廣寒仙子下瑤台，只爲綱常掃地來；恭伐天心行殺伐，凜然正氣日中開。」

8.《聊齋誌異》〔註9〕卷八：太原宗子美隨父訪林嫗，見其女嫦娥。林嫗假稱欲許婚，從而故索千金以難之。適有西鄰寡女顛當雅麗不減嫦娥，一夕踰垣乞火，子美喜挽之，遂相燕好，約爲嫁娶，由此蹈隙往來，形迹周密。一日子美遇嫦娥，嫦娥以背約讓宗，並付金自贖。子美告之顛當，即遣媒納金林嫗，以嫦娥歸宗，又聽嫦娥所間，暗竊顛當佩囊，顛當一怒而去。自是子美與嫦娥情益篤。一夜嫦娥忽爲盜所擄，宗大悲，告官追捕，荏苒三四年，鬱鬱無聊，因假赴試入都。居半載，與顛當重逢，顛當假作貧狀以試之，並暗告嫦娥所在。子美於西山老尼處尋得嫦娥，方知嫦娥乃姮娥被謫，浮沈世間，其限已滿，故託爲寇劫以絕宗望。老尼則王母守府者。子美雖見嫦娥而無法相聚，情急自縊，爲嫦娥所救，萬不得已而偕歸。嫦娥責顛當饒舌，罰補枕百幅、履百雙，子美乃知顛當爲西山狐。嫦娥莊重樂獨處，宗子美每密教顛當爲狎戲，爲嫦娥所知。顛當又學龍女侍觀音，以侍嫦娥趺坐，嫦娥罰使學童子拜，方嬉笑間，嫦娥忽覺媚情一縷，自足趾而上，直達心舍，意蕩心淫，若不自主，原來爲顛當所媚。嫦娥厲責之，顛當慚懼，告子美以愛極之故，不覺媚之甚。宗因以告嫦娥，嫦娥遇之如初。後子美、顛當又與一婢狎戲，效作楊妃醉酒，婢不慎暴死，惹來婢父叫罵，因嫦娥施法排解乃罷。由此閨閣清肅，無敢譁者。不幾嫦娥腹中忽聞兒啼，以刀刃破兩脅，出一男一女，男酷似父，女酷肖母，皆論婚於世家。

9.《紅樓夢》〔註10〕九回：林黛玉聽說賈寶玉將上學，笑道：「好！這一

〔註8〕　收於《明清善本小説叢刊初編》，台北，天一出版社。
〔註9〕　參見《聊齋誌異》卷八〈嫦娥〉，頁 1069～1079，台北，里仁書局，民國 69
　　　　年 12 月版。
〔註10〕　參見《紅樓夢》九回：〈戀風流情友入家塾，起嫌疑頑童鬧學堂〉頁 155；五
　　　　回〈遊幻境指迷十二釵，飲仙醪曲演紅樓夢〉頁 87、91。台北，里仁書局，

去，可是要『蟾宮折桂』去了。」

10.《紅樓夢》五回：以妙玉比嫦娥。五回《十二金釵正冊》詠其「欲潔何曾潔，云空未必空。可憐金玉質，終陷淖泥中。」同回〈世難容〉亦詠其孤高。

11.《月球殖民地小說》〔註11〕十三回：玉太郎氣球中得一夢，夢見與天使同遊月宮。其間黃金爲壁，白玉爲階，無比堂皇富麗。正興起時，宮中走出一人，向天使說道：「你是從什麼骯髒世界，引了個骯髒的人，來到此間。我們這個社會，雖然算不得是什麼高等，那一種齷齪卑鄙的劣根性卻還沒有呢！」

12.〈奔月〉：〔註12〕由於不知環保的重要性，大獸幾爲人獵空，加上后羿年邁，不復當年神勇，以致其妻嫦娥終年以烏鴉炸醬麵裹腹。后羿懼內，又受嫦娥冷嘲熱諷，決定到遠地方尋食物，不料誤射老婆婆家黑母雞，只好以一天食物十個白麵炊餅、五株葱及一包甜辣醬作賠。歸途中遭逢蒙暗算，后羿以嚙鏃法逃過一劫，沮喪回家，一路尋思如何向嫦娥交待，不料回家後發現嫦娥及仙丹俱失。后羿從家婢口中得知嫦娥可能奔往月宮，憤怒之餘令婢女取箭往月直射，三箭均未使月亮受損。后羿沈默進屋，喃喃自怨，猛覺腹飢，遂令婢女炊飯，鬥志全失。

以上十二則月宮故事，均出自文人手筆，或全本、或一章、一回、一卷，或以詩況人物，筆者在概述內容時儘量不參加意見，以便爲以下情節分析立下較爲客觀的基礎。

二、情節分析

以上十二則小說，可依照主題分類爲四，即后羿嫦娥型、果報謫仙型，典故運用型及夢中樂園型。以下分別就此四類探討其情節要素、情節演進、及從神話發展而來的脈絡。

（一）后羿嫦娥型

后羿嫦娥型之情節單元整理如下表。

民國 73 年 4 月版。

〔註11〕參見〈月球殖民地小說〉，收於《晚清小說大系》第六冊。

〔註12〕參見魯迅《故事新編》頁 17～34，台北，風雲時代出版公司，民國 78 年 10月初版。

編號	羿 1稱謂 2時代	嫦娥 1人數 2原身分	羿與嫦娥結婚	王母	不死藥	竊藥因由	奔月 1人數 2因由	奔月結果	射日	射凶獸
1	1平羿 2羿夷	1一人 2羿妻		西王母	西王母於嫦娥處搗成，暫寄嫦娥。		1二人 2羿唆使嫦娥吞藥。	嫦娥居月宮，羿化為蟾蜍。	射九日	射大風、猰貐、封豨、修蛇。
2	1后羿 2夏太康	1一人 2戎女	羿由我國娶得	西王母	西王母指點羿採得。	嫦娥內惡太康鳩拙，外懼后羿忘情。	1一人 2服藥後經西王母指點。	嫦娥居月宮為月神。		
3	1偬羿 2堯	1一人 2宓國之女、河伯之妻。	嫦娥改嫁	王母	羿由王母處得。	嫦娥私心	1一人 2服藥且一向愛月。	吳剛造月宮，嫦娥居之。		
4	1羿 2堯	1一人 2河伯之妹。	嫦娥自薦，帝堯賜婚。	金母	羿為金母建殿，以不死藥為交換條件。	嫦娥私心，有黃占驗。	1一人 2服藥後逃避后羿追殺。	嫦娥居月宮，后羿居日宮，且二人相會。	射九日	平怪獸。
12	1后羿 2／	1一人 2羿妻			羿由道士處得之。	厭倦平凡生活。	1一人 2服藥後飛奔。	后羿射月，無損月華。	射九日	射怪獸。

1. 羿之稱謂及時代、射日、射凶獸

此五則小說，除魯迅〈奔月〉外，其他四則小說談及羿之時代，不外堯及夏二種，對照第二章附表二，可知受神話感染甚明；而稱謂則有羿、后羿、平羿、偬羿諸說，均與善射有關。至於射日、射凶獸部分，除了增加風怪以外，餘如射九日、平猰貐、封豨、修蛇等，明顯襲自南北朝以前古籍對羿的描寫，創意不大。

2. 嫦娥身分、羿與嫦娥結婚

小說中有關嫦娥部分，明顯經過文人的增刪改易，使嫦娥呈現多樣面貌，豐富原來奔月神話內涵，以致原本處於后羿神話附屬地位的嫦娥奔月有喧賓奪主之勢，同時印證第二章的傳播理論：閱聽人由於預存立場不同，而有選擇性的理解與選擇性的記憶。〔註13〕

〔註13〕參見第三章註54。

　　小說與神話中嫦娥面貌之別，主要在嫦娥身分的處理上。神話中對嫦娥身分著墨不多，除了「羿妻」以外別無說明；而小說中之嫦娥身分，除仍為羿妻外，尚有戎女、宓女、河伯之妻、河伯之妹諸說，導致羿與嫦娥婚配緣由較為複雜。小說作者之所以賦予嫦娥千面女郎般的身分，實其來有自，仍與神話裡羿的多位配偶有密切關聯。龔維英〈嫦娥神話面面觀〉一文，就以上古巫史不分及人名異寫為主要理論根據，附以語言訛誤說，認為神話中封狐、純狐、玄狐、玄妻、洛嬪、嫦娥之為羿妻，其實均為一人的異名。〔註14〕本文蒐集的后羿嫦娥型小說，多為明、清作品，最晚不過民初，作者未必，甚至應該不會以語言訛誤說為據，以權充嫦娥身分的理論基礎，但是從后羿眾多妾身不明、撲朔迷離的配偶中，得到處理嫦娥身分的靈感，則極有可能。例如戎女之說，大抵來自《左傳‧昭公廿八年》的「有仍氏之女」；〔註15〕而宓女及河伯妻、河伯妹諸說，追來自后羿「射夫河伯，妻彼雒嬪」。〔註16〕有仍氏在山東濟寧一帶〔註17〕屬東夷族，作者以漢族本位言其為戎女是理之當然；而雒嬪與宓妃，自神話即有內在聯繫。〈離騷〉：「求宓妃之所在。夕歸次於窮石兮，朝濯髮於洧盤。保厥美以驕傲兮，日康娛以淫遊。」對后羿與宓妃作了點到為止的曖昧處理，也由於此，給小說作者帶來無限寬廣的想像空間。加上嫦娥笑貌在世人腦海中日漸膨脹，以戎女、宓女、河伯妻、河伯妹、嫦娥身分作詮釋，也許可視為閱聽人的一種回饋，此回饋同時使后羿與嫦娥的結婚有各種不同的解釋。

3. 王母、不死藥

　　神話中之王母與不死藥緊密結合，上述后羿嫦娥型小說亦然，除〈奔月〉外，不死藥取得處均為西王母，只是西王母稱謂小異，而取得方式不一。其中《有夏志傳》及《七十二朝人物演義》較符合神話原貌；因為由第二章奔月神話的探討，並沒有為「羿請不死藥於西王母」的「請」作任何意義上的詮釋或延展，而小說關於如何「請」則作了比神話詳細的符碼還原工作：一是西王母指點后羿採得，一是羿由西王母處得。神話敘述語言的簡略及神話

〔註14〕參見龔維英〈嫦娥神話面面觀〉，收於《民間文學論壇》1987 年四期，頁168。
〔註15〕參見第三章附表一。
〔註16〕同前註。
〔註17〕參見《中國文史地圖》〈夏代黃河長江中下游地區〉，台北，里仁書局，民國73 年 12 月版。

材料的零碎，造成閱聽人－小說作者詮釋時的歧義，〔註18〕此爲一例。至於
《歷代神仙鑒》中，羿與金母的交換行爲，則亦襲自神話形式而更易精神，
人文思想較重，以羿之肉軀竟與金母論斤議兩，神話中原來呆板無變化的請
藥，經過文人潤飾已活潑許多。

4. 竊藥、奔月、奔月結果

五則小說中，竊藥者均爲嫦娥，與神話一致，然而竊藥因由、奔月原因
及奔月結果，則含作者對嫦娥竊藥的評價，大致說來貶謫之意多於褒揚，只
有《有夏志傳》以羿的負心替嫦娥的竊藥辯解，而以西王母的指點迷津爲嫦
娥報償；其他如《七十二朝人物演義》、《歷代神仙鑒》及〈奔月〉均以負面
角色描寫嫦娥，嫦娥既自私又負情，不但自奉箕帚，又想利用后羿以登仙籍，
以致落得《歷代神仙鑒》中的逃避后羿追殺，奔入月宮，惶惶然若喪家之犬。
但是在奔月結果方面，作者倒是相當程度地安撫讀者，未再對嫦娥有任何責
備，反而以月宮爲其安頓之地，甚至安排后羿至月宮相會，與神話中的「奔
月爲蟾蜍」有別。至於《開闢演義》，寫西王母於嫦娥處搗成不死藥，暫寄
嫦娥，羿唆使嫦娥服之，以致食藥後嫦娥飛奔入月宮，羿緊攬其衣，隨之而
去，化爲蟾蜍等情節，可能胎始於《歸藏》。本來《文選・祭顏光祿文》注
引《歸藏》是「嫦娥以西王母不死藥服之」，並不是如《靈憲》及《淮南子》
的「嫦娥以羿請來西王母不死之藥服之」，〔註19〕所以嫦娥的竊藥也有不同
的發展。

（二）果報謫仙型

神叛與福報觀念，在中國小說中廣爲應用，尤其是神怪小說，利用宗教
制裁爲法律制裁的例子更普遍，福報與神叛甚至帶著咒詛以執行神界法律，
表達作者心裡的公道思想；丁敏在《佛家地獄說之研究》中舉證歷歷，此不
贅引。〔註20〕茲定「果報謫仙型」爲類目，即基於福報觀念，再由小說析出
謫仙、謫降因由、懲罰者、調停者、謫仙結果、嫦娥人數、殃及之池魚、結
怨者、報仇方式等九項情節要素，並附表於下。

〔註18〕閱聽人同時爲小說作者－傳播者，是由於多向傳播的關係。參見第三章第
　　　二節。
〔註19〕參見第三章附表一。
〔註20〕參見丁敏《佛家地獄說研究》，政治大學中國文學研究所碩士論文，民國 70
　　　年 6 月。

1. 嫦娥人數、名稱、形象

此十二則小說中，果報謫仙型有四，而嫦娥更是聯繫小說與神話的關鍵性情節單元。此類小說，嫦娥仍居月宮為月神，不同的是稱謂增加、人數變多及形象多樣化。其中稱謂除嫦娥及姮娥與神話相同外，又增加素娥一詞，也許與月色皎潔有關；〔註 21〕《西遊記》九五回嫦娥人數眾多，且不再為月宮主，而是太陰星君的隨侍，地位下降；至於嫦娥形象，則多卸下神話中的神秘面紗，顯得平易而較有人情味，除《西遊記》九五回對嫦娥形象的描寫模糊不清外，或貞靜嫻美，或剛烈正義，或矯情造作，不論是好是壞，個性刻劃均較神話突出。

2. 謫仙、謫降因由、謫降結果、殃及之池魚、結怨者、報仇方式

謫仙下界，或由償業、贖罪、報仇、思凡、了宿緣等等，原因不一，但是塵緣未盡則是共相。由於塵緣未盡，以致必需謫降凡間，為豬，為公主，為皇帝、美人、無賴、女中英豪。傳說福報的勸善懲惡，似乎並未在此四則小說裡發揮作用，反而作者以自己的方式執行作者自己的正義，甚至諧謔眾仙，累及無辜。如《女仙外史》，嫦娥與天狼星為了下凡歷劫，分別降生為明帝及唐賽兒，彼此較勁，弄得腥風血雨，這是殃及池魚的一例。宗子美則是另一尾池魚，在嫦娥的矯情及顛當的狐媚兩把大火間搖尾乞憐。又如唐三藏，也險些成為素娥與玉兔宿仇下的犧牲品，狼狽不堪。其中編號 6 的素娥、玉兔結怨，與神話裡月中嫦娥、玉兔不無血緣；嫦娥、后羿的夫妻緣分，也明顯來自神話；至於嫦娥與天狼星則較為複雜，從〈離騷〉：「青雲衣兮白霓裳，舉長矢兮射天狼」及有關「天狗食月」、「天狗食日」等民間故事中可以隱約見其脈絡。狗與狼外形相近，嫦娥為月神，天狗食月如果是天狼食月的演化，那麼小說裡嫦娥與天狼星的宿仇也是幾世因果，一言難盡的了。

3. 懲罰者、調停者

由以上的分析，我們發現結怨者間二元對立的現象，而懲罰者及調停者則居於中間地帶，扮演懲戒惡徒及息事寧人的角色。表面看來二者似乎也是對立的，然而若置於整個故事的情節來看，都是促使情節急轉直下的催化劑；而且不論懲罰者或調停者，在天庭裡都舉足輕重。

〔註21〕謝莊〈月賦〉：「引玄兔於帝台，集素娥於后庭」。亦稱嫦娥為素娥。

編號	謫仙者	謫仙因由	懲罰者	調停者	謫仙結果	1 嫦娥人數 2 名稱	池魚	結怨者	報仇方式
5		天蓬元帥	酒後戲嫦娥。	糾察靈官玉帝	太白金星	降生為豬八戒	1 一人 2 嫦娥		
6	玉兔 素娥	1 素娥思凡 2 玉兔懷素娥一掌之仇。		太陰星君	素娥→天竺國公主 玉兔→假扮公主	1 眾多 2 素娥、姮娥	唐三藏	玉兔、素娥	玉兔棄素娥於荒野。
7	嫦娥 后羿 天狼星	1 天狼星求婚未遂，大鬧廣寒宮 2 嫦娥償業報仇 3 后羿了宿緣。	玉帝		嫦娥→唐賽兒 天狼星→明帝 后羿→林三	1 一人 2 嫦娥	黎民黔首	嫦娥、天狼星	嫦娥掌中原兵災，與天狼星作對。
8	嫦娥			王母	與西山狐顛當共夫，並生育子女。	1 一人 2 嫦娥	宗子美	嫦娥、顛當	互為恩仇

（三）典故運用型

《紅樓夢》中兩則屬之。小說並不借月宮故事為情節鋪展，只借既有的典故或典型為某事或某人的影射，因此嚴格說來與情節無關，與修辭關係較大，宜放入第三節討論。

（四）夢中樂園型

《月球殖民地小說》屬之。全書以龍孟華尋妻為由，使熱氣球穿梭於地球與月宮之間，而以光明遠景的刻劃為終結。其中「黃金為壁，白玉為階」，可說把神話中月宮的樂園原型膨脹，成為未來中國的縮影。闖入者雖遭喝斥，但是此夢中樂園並未因而與現實世界畫下鴻溝。相反地，儘管地表眾生時感沮喪，然而終於因為無歇止的誠心企求與追尋而得遂所願，大小二世界獲得某一程度的融合。因此，夢中樂園型可謂月宮神話的一個變體。

第二節　敘事模式分析

閱讀、詮釋絕非客觀，而而是意義的輸入、符號的添補和替代，不但是一種符碼還原，甚至可看出作者未發現的某種關係，了解作者對語言運用是否駕馭自如。這層關係並不是明暗、強弱之比，而是我們在閱讀、批評時所

造成的意義結構，也是閱讀者與敘述者交流的行為。因此在探討過故事層之後，小說中的語言層便成為最迫切的課題。小說裏的敘事模式，諸如敘事角度、敘事時間、敘事語式、敘事單元等均有待探討；尤其小說出於文人之手，與質樸的民間故事不同，語言上的研究益顯重要。然而由於語言分析過程注定是對不可勝數的敘事進行演繹，為了描述、整理無數的敘事，便需要理論上的支持。在這方面，張漢良〈唐傳奇南陽士人的結構分析〉〔註 22〕及浦安迪〈談中國長篇小說的結構問題〉〔註 23〕二文，均活用結構主義分析傳奇作品，帶給筆者一線靈光。在世局分崩離析的二十世紀中應運而生的結構主義，提倡整體諧識，主張透過表面互不相干的現象，探討底層的內在關係，曾在法國批評界領一時風騷。雖然不免落得「機械」的批評，〔註 24〕然而載舟覆舟，應用之妙端在一心；而且就分析方法而言，小說作者與作品間隔了一層人物，〔註 25〕與作者距離較遠，自成獨立的客體，客觀的結構分析應該不成問題。以下關於敘事單元、敘事語式，擬以安德烈・尼耶在《悲愴與詩意》〔註 26〕中的分析系統為主，敘事時間及敘事角度則借用陳平原《中國小說敘事模式的轉變》〔註 27〕中所論。

一、敘事單元分析

安德烈・尼耶曾對敘事單元下過界義。敘事單元又稱意義單元，指構成敘事本體整體意義和輔助意義的環節。可分為「功能」和「標誌」兩類。功能「引出一定的補充和必然行為」，功能的必然結果往往在稍後才產生；與功能相反的標誌，則指引起某種故事總體意義必需的穩定概念，標誌引導出某種詞義，而不是行為。而功能又可分為兩類：主功能或核心功能、補充功能或催化功能。主功能指敘事作品中某些轉折的關鍵時刻，而催化功能則支配

〔註 22〕 參見張漢良〈唐傳奇南陽士人的結構分析〉，收於張著《比較文學理論與實踐》頁 215～254，台北，東大圖書公司，民國 75 年 2 月初版。
〔註 23〕 蒲文收於《文學評論》第三期，頁 53～62，1976 年 7 月。
〔註 24〕 參見葉維廉〈中西比較文學中模子的應用〉，收於葉編《中國古典文學比較研究》頁 1～24，台北，黎明文化事業公司，民國 76 年版。葉氏引用 George Steiner 的看法，認為二元系統的分析方法不能盡涵世界的萬象。
〔註 25〕 參見劉若愚著，杜國清譯〈東西文學理論綜合初探〉，收於《現代文學》復刊第四期，頁 7～34，民國 77 年。
〔註 26〕 同註 2 安德烈・尼耶書。
〔註 27〕 陳平原《中國小說敘事模式的轉變》，上海人民出版社，1988 年 3 月第一版。

著一些安全地帶，停頓及細枝末節。〔註28〕如下圖。

　　爲了分析敘事單元，安德烈・尼耶主張把故事按照發展順序分爲不同片段，以了解語言表述的系列。〔註29〕但是限於篇幅，要把十二則小說片段詳細劃分卻不可能；又片段的分析使用在多則小說的比較中，只能由其情節公式探討敘事單元的功能類別，不能得知標誌意義。今擬按本章第一節中的情節分類，提出故事發展的中心片段以分析其功能類別，至於標誌類的敘事單元，只擇要舉例。

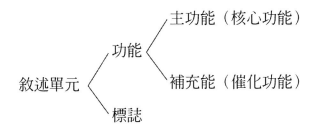

（一）后羿嫦娥型
五則后羿嫦娥型小說的敘事發展，大抵不出以下中心片段：
1. 上古某代英雄羿射日除怪、斬妖伏魔，並與美女嫦娥邂逅、結髮。
2. 羿婚後遠征，冷落佳人，嫦娥不滿。
3. 羿或嫦娥經由某仙人處得到不死藥。
4. 得不死藥者將藥密藏。
5. 不死藥被發現、竊取、私吞。
6. 竊藥者作賊心虛。
7. 竊藥者飛奔入月。
8. 發覺仙藥被偷，大勢已去。

　　除《開闢演義》外，羿和嫦娥因爲不死藥而呈現對抗關係，而經由以上中心片段的剖析，我們發現中心片段中存在著「伸展」和「退縮」的交替：〔註30〕
　　中心片段 1：（伸展）上古某代英雄羿射日除怪、斬妖伏魔，並與美女嫦娥邂逅、結髮。

〔註28〕見註2安德烈・尼耶書頁61～62。
〔註29〕同前註。
〔註30〕書中未界義「伸展」和「退縮」，然由其上下文可推知二者呈現類似勝利與失敗的對抗關係。參前揭書頁57。

－75－

中心片段 2：（退縮）羿婚後遠征，冷落佳人，嫦娥不滿。

中心片段 3：（伸展）羿或嫦娥經由某仙人處得到不死藥。

中心片段 4：（退縮）得不死藥者將藥密藏。

中心片段 5：（伸展）不死藥被發現、竊取、私吞。

中心片段 6：（退縮）竊藥者作賊心虛。

中心片段 7：（伸展）竊藥者飛奔入月。

中心片段 8：（退縮）發覺仙藥被偷，大勢已去，無能為力。

如此，中心片段一伸一縮，起伏交替，言語在很大程度上獲得了自身的動力和連續性，而主功能和補充功能也一覽無遺。例如 3 和 4、4 和 5、2 和 5、7 和 8 都是主功能敘事，6 則為補充功能敘事。竊藥者多為嫦娥，嫦娥竊藥後作賊心虛，放在中心片段 5 和 7 中間，幾乎顯得多餘，只是一個時間的靜止，一種危機四伏的感覺；儘管如此，它仍然有助於保持敘述者和聽眾的聯繫，也增加了敘述張力，進而使得奔月的行動不致於太突兀；而且羿和嫦娥的對抗關係，也由於一方被淘汰而趨調和。

在后羿嫦娥型的五則小說中，編號 1.2.3.4.的敘事是單純的行為連續，我們在閱讀此四則小說時，便如同看漫畫書一般，一個動作接一個動作，作者並未刻意標誌出某種詞義，因此在敘事單元的分類上應屬功能性。唯《故事新編》中的〈奔月〉，作者不但敘述行為的連續，同時在文詞的使用上也有許多象徵意義，類似心理分析。例如首段描寫羿回家，以馬的「放慢腳步」、「垂了頭，一步一頓，像搗米一樣」及家將門「在宅門外垂手直挺挺地站著」標誌羿的委頓；以「箭在壺裡豁朗豁朗地響著」標誌出羿沒有獵到什麼好東西等等。因此〈奔月〉的敘事單元兼具功能和標誌兩種特性。

（二）果報謫仙型

果報謫仙型的四則小說，大約有下列的中心片段：

1. 仙甲因私慾冒犯仙乙，觸犯仙規，二仙因而結怨。

2. 仙丙懲罰仙甲，仙丁調停，仙甲因而降謫人間。

3. 仙甲降謫人間後，興風作浪。仙乙下凡償業報仇。二人恩仇殃及池魚。

4. 甲乙丙丁仙了業回天庭，人間一片狼籍。

此型小說同樣有「伸展」和「退縮」的敘事隱藏於中心片段之間，不過，「后羿嫦娥型」是一單元伸一單元縮，「果報謫仙型」則是在一個敘事單元之

中同時有伸展、退縮。圖示如下：

中心片段 1：（伸展）仙甲因私慾冒犯仙乙，觸犯仙規。

　　　　　　（退縮）甲乙二仙結怨。

中心片段 2：（伸展）仙丙懲罰仙甲。

　　　　　　（退縮）仙丁居中調停，仙甲因而降謫人間。

中心片段 3：（伸展）仙甲降謫後興風作浪，仙乙下凡報仇。

　　　　　　（退縮）甲乙二仙恩仇殃及池魚。

中心片段 4：（伸展）甲乙二仙了業回天庭。

　　　　　　（退縮）人間一片狼籍。

在中心片段的一伸一縮之間，功能性也昭然若揭。大約每個單元的伸都是屬於主功能，暗示：「將要發生什麼」，而每個單元的退縮則屬於補充、催化功能，表現停頓、困境。

《西遊記》兩則有關月宮故事的敘事，功能型態顯著，十九回是以回憶錄的方式敘述，九十五回則是披掛上陣的現場表演，都情節緊湊，沒有描寫心態或象徵的文字。而長篇鉅構的《女仙外史》則不免加入作者的意識形態，例如唐賽兒滿月時抓劍、書和筆，便暗示她將來的不同凡響；《聊齋志異》卷八〈嫦娥〉為達嘲諷效果，也不時使用對比性濃厚的詞句，例如嫦娥扮飛燕與宗子美狎戲，又不准顛當學龍女侍觀音，明明是假正經，可是作者卻說她莊重自持。既為小說，說故事的功能性仍然免不了，《女仙外史》和《聊齋志異》同時具備兩種特性。

（三）夢中樂園型

此型只有《月球殖民地小說》十三回一則，敘事單元為：

1. 玉太郎氣球中夢得與天使同遊月宮。

2. 月宮中富麗堂皇，黃金為壁，白玉為階，玉太郎不由興起。

3. 月宮中走出一人，向天使指責玉太郎齷齪卑鄙，與月中社會不諧調。

《月球殖民地小說》的敘事較平淡，單元 1 只是切入情節，單元 2 和單元 3 才一伸一縮，展現敘事張力。而且 1、3 兩個敘事單元都是功能類型；單元 2 描寫月宮情景「黃金為壁，玉白為諧」時，則點明月中、人間兩個世界絕不相類，以月宮的富麗乾淨與人間的貧窮齷齪對比，屬於標誌類型。

在這則小說中，玉太郎和月中人呈現對抗關係，為了平衡、解除這種對

抗，作者經由月中人之口喝斥玉太郎，以敘事的退縮淘汰玉太郎而達到平衡。表面上看來，月中人似乎把所有地球人一併教訓，使讀者考慮到自己的欠缺而在閱讀時感到委頓無力；其實這個教訓並沒有什麼眞正的道德意義，也沒有實際有效的內涵，只是通過這種強迫性的手段肯定一方的被淘汰，使讀者從對一個眞理的頓悟中，產生神祕、宿命的情感。

二、敘事語式分析

安德烈・尼耶把語式定義爲：「敘述者將事件傳達給讀者的方式方法」，並將之分爲表現語式及敘述語式。表現語式指直接引用人物的話語和行爲的敘述方式；戲劇作品便是表現語式的傳統樣式。敘述語式與表現語式相反，在這種語式中，敘述人以自己的身分說話；人們常常把這種語式當作敘事語式的一種弱化形式。〔註31〕

在十二則小說中，除了《女仙外史》內容龐大，不便作語式分析；典故運用型的兩則《紅樓夢》小說屬美學層，不宜作語式分析以外，其他十則小說仍以其類別探討其語式。

（一）后羿嫦娥型

這類型的五則小說，都採用表現、敘述交錯的語式，把情節傳達給讀者，只是運用的程度不一。《開闢演義》除了后羿教唆嫦娥私吞不死藥一段對話外，都用敘述語式交待情節，《有夏志傳》的表現語式集中在武羅伯勸羿的幾段說教，其他情節仍用敘述語式；《七十二朝人物演義》的表現語式較諸前二則小說明顯增多，尤其在重要情節如羿學射、嫦娥奔月前的心態等，都以表現語式表達；《神仙鑑》則敘述語式多於表現語式；〈奔月〉兩種語式幾乎各佔一半。可看出在這五則小設裏，《開闢演義》使用表現語式最少，〈奔月〉最多，以表現語式代替了大部分的敘述語式。以下以〈奔月〉一小段爲例，看看兩種語式交替使用的效果。

以〈奔月〉中后羿狩獵回家的一小段爲例，其敘事片段爲：

1. 剛剛到內院，他便見嫦娥在圓窗裡探了一個頭。
2. 他知道她眼睛快，一定早瞧見那幾隻烏鴉了，不覺一嚇，腳步也登時一停，－但只得往裡走。

〔註31〕前揭書頁65。

3. 使女們都迎出來，給他卸了弓箭，解下網兜。

4. 他彷彿覺得她們都在苦笑。

5. 「太太……。」他擦過手臉，走進內房去，一面叫。

6. 嫦娥正在看著圓窗外的暮天，慢慢回過頭來，似理不理的向他看了一眼，沒有答應。

7. 這種情形，羿倒久已習慣的了，至少已有一年多。他仍舊走近去，坐在對面鋪著脫毛的舊豹皮木榻上，搔著頭皮，支支吾吾地說－「今天的運氣仍舊不見佳，還是只有烏鴉……。」

8. 「哼！」嫦娥將柳眉一揚，忽然站起來，風似的往外走，嘴裏咕嚕著，「又是烏鴉的炸醬麵，又是烏鴉的炸醬麵！你去問問去，誰家是一年到頭只吃烏鴉肉的炸醬麵？我真不知道是走了什麼運，竟嫁到這裡來，整年的就吃烏鴉的炸醬麵！」

片段 1 用的是客觀的敘述語式，作者幾乎沒有提供任何足資參考的訊息，使讀者明白后羿與嫦娥的相處情況。片段 2、3、4 仍使用敘述語式，但是文筆轉為主觀，「他知道她眼睛快」、「不覺一嚇，腳步也登時一停，－但只得往裡走」、「他彷彿覺得她們都在苦笑」等敘述，顯然出自作者的主觀判斷。由此看出羿夫妻的困境，羿的懼內便成為作者刻意播下的「因素」，以構成整個故事的「萌芽」。〔註32〕同時片段 1 至 4 也標誌了后羿的性格特徵，如強敘事的內在邏輯性。

片段 5 開始，作者以表現語式和敘述語式交替使用。羿的一聲「太太」把敘事引向意想不到的深度，同時增加了敘事的真實感。但是作者有意把原來完整的一句話：「太太，今天的運氣仍舊不見佳，還是只有烏鴉……」隔成兩段，一聲「太太」後，用敘述語式描寫嫦娥的淡漠和后羿的不知所措，造成暴風雨前的寧靜效果。由此羿的懼內達到一個飽合點，以致片段 8 嫦娥的「柳眉一揚，忽然站起來，風似的往外走」便如同爆炸一般，使得可能平淡的敘事增色不少；而短短一句話裡的四個「烏鴉的炸醬麵」，更是嫦娥喋喋不休之外的積怨難平。

經以上對〈奔月〉中一小段的分析，可知言語在不大的篇幅中交替運用敘事語式，可以增加敘事的生命力、多樣性和文學性。當然我們並不因此認

〔註32〕參見前揭書頁 56～60。

為后羿嫦娥型的其他三則：《開闢演義》、《有夏志傳》及《七十二朝人物演義》敘述語式多於表現語式便乏善可陳，只是相對於〈奔月〉語式交替的不斷使用，顯得弱許多。

（二）果報謫仙型

此型四則小說中，《西遊記》十九回八戒對悟空陳述謫降因果一段，是作者借八戒之口交代人物來歷，但是既然由八戒說出，便屬表現語式。本來在平常對話時，斷不會使用古體詩的形式，而此謫降因由一段，明由八戒道出，魯莽的八戒講話怎如此精緻？其實是作者向讀者說話，於此也可以看出表現語式的另一種使用方法。九十五回收伏玉兔，以表現、敘述語式二種語式並用，兩位主角玉兔和孫悟空的話最多，次要角色如三藏、國王、侍女、太陰星君等，只是跑跑龍套點綴點綴。《女仙外史》和《聊齋志異》卷八〈嫦娥〉也是兩種語式並用；〈嫦娥〉裏的表現語式，用在嫦娥責罵顛當時尤為傳神，呼之欲出。

《月球殖民地小說》十三回以表現、敘述交替使用的語式，交待龍孟華夢遊月宮情節。

分析完這十則小說的敘事語式後，我們不難發現多屬於表現、敘述兩種語式混用；而表現語式的確有強化效果，展現語言活潑生動的魅力。無怪乎相對於表現語式而言，敘述語式要屬於較弱的表現方式。

三、敘事角度分析

敘事角度又稱視角、敘事體態。關於小說中敘事角度的分析，茲以陳平原所區分的三種敘事角度作為研究基點：[註33]

1. 全知敘事：敘述者無所不在，無所不知，有權利知道並說出書中任何一個人物都不可能知道的祕密。

2. 限制敘事：敘述者知道的人和人物一樣多，人物不知道的事，敘述者無權敘說。敘述者可以是一個人，也可以是幾個人輪流充當。限制敘事可採用第一人稱，也可採用第三人稱。

3. 純客觀敘事：敘述者只描寫人物所看到和所聽到的，不作主觀評價，也不分析人物心理。

以下此三大類分析其敘事角度。

（一）后羿嫦娥型

后羿嫦娥型的五則小說中，《開闢演義》、《有夏志傳》、《七十二朝人物演義》及《神仙鑑》都借用一個全知全能的說書人口吻，屬於全知敘事；唯〈奔月〉一篇以羿的耳目爲耳目、羿的心緒爲心緒，寫嫦娥奔月不加作者的筆伐，易之以羿的驚惶失措、六神無主，筆勢便較前四則搖曳生姿，屬於限制敘事。

（二）果報謫仙型

此型四則小說中，《西遊記》十九回敘述八戒謫降因果一段，是借著豬八戒口中說出，侷限於豬八戒的視野範圍，屬於第一人稱限制敘事。九十五回〈假合眞形擒玉兔，眞陰歸正會靈元〉描寫玉兔素娥結怨、唐三藏險失元陽、孫悟空大戰玉兔、太陰星君說因果作調人，則爲全知敘事。《女仙外史》無疑爲全知敘事，視角多變，熱鬧非凡。至於《聊齋》中的〈嫦娥〉，則選擇一個接近「異人」的「凡人」，作爲觀察和敘述的角度；即作者爲突出渲染嫦娥的神祕，有意不直接描寫其所作所爲，而用凡人宗子美的眼睛觀察、敘述，造成撲朔迷離的效果，也保持了視角的統一，接近第三人稱限制敘事。

（三）夢中樂園型

《月球殖民地小說》十三回，從玉太郎眼中寫月宮景象，屬於第三人稱限制敘事。

四、敘事時間分析

有關敘述時間的爭論很多，如果一一詳究，不免無所適從，又有罔顧中國固有批評傳統之虞。例如熱拉爾・熱奈特區分「史實」、「記敘」、「敘述」、「閱讀時間」、「情節時間」〔註34〕、安德烈・尼耶區分「旋律時間」、「美學時間」、「創造時間」、「中性時間」，〔註35〕名目繁多，不如陳平原集各家理論，去繁存菁。

陳平原把敘事時間定位在情節時間上，〔註36〕再分出連貫敘述、交錯敘述三種。連貫敘述指依事件發生的自然時序敘述；倒裝敘述則如王源所謂

〔註34〕 參見前揭書 38。
〔註35〕 參見註 2 安德烈・尼耶書頁 133～137。
〔註36〕 參見註 27 陳平原書頁 67。

「中者前之，后者前之，前者中之後之」，〔註37〕把事件的自然時序重新理頓之法；至於交錯敘述，則是敘述者故意打亂自然時序，忽先忽後，夾雜敘述。〔註38〕

以上仍以后羿嫦娥型、果報謫仙型及夢中樂園型分析其敘事時間。

（一）后羿嫦娥型

此型五則小說，前四則從羿受帝命除害、妻嫦娥，得不死藥，到竊藥奔月，都依照作者主觀的事件發生次序敘述，雖然每一則的自然時序不一定相同，但是均屬連貫敘述。〈奔月〉從羿狩獵回家、次日遠行打獵、遇見逢蒙，到發現嫦娥，不死藥俱失，中間雖然插入羿對往事的懷想：

> 只有羿呆呆地留在堂屋裏，靠壁坐下，聽著廚房裏柴草爆炸的聲音。
> 他回憶當年的封豕是多麼大，遠遠望去就像一座小土岡，如果那時
> 不去射殺它，留到現在，足可吃半年，又何用天天愁飯菜，還有長
> 蛇，也可以作羹喝……。〔註39〕

但是這段描寫頂多是夾敘他事，並沒有打亂故事的自然時序，因此仍是連貫敘事。

（二）果報謫仙型

此型四則小說中，《西遊記》十九回八戒向悟空追敘往事一段，夾在悟空收伏八戒的兩大段文字中，與金聖歎評《水滸傳》的「橫雲斷山」法〔註40〕、毛宗岡評《三國演義》的「橫橋鎖溪」法〔註41〕相類，只是文法上的變化，未破壞事件的自然時序，應屬連貫敘事。九十五回亦同，太陰星君道因果不是添絲補錦，仍是連貫敘事。《女仙外史》寫嫦娥、天狼星下凡償業，由蟠桃會、天狼鬧廣寒、二仙謫降、弄得人間腥風血雨，到歷劫歸來，讀者如同坐火車看風景一般，但覺眼前景物排山倒海向後推去，敘事連貫。〈嫦娥〉照自然時間敘事件，更無可議。

（三）夢中樂園型

代表此型的《月球殖民地小說》十三回一小段，由玉太郎夢遊月宮到夢

〔註37〕轉引自前揭書，前揭頁。
〔註38〕同前註。
〔註39〕參見註12魯迅書頁19。
〔註40〕參見葉朗《中國小說美學》頁121～123，台北，里仁書局，民國76年6月版。
〔註41〕參見前揭書，頁177～187。

醒，是連貫敘事。

由敘事時間的分析看來，除了《紅樓夢》中兩則爲修辭層面外，其餘十則從言語層分析，都是連貫敘事。

下列圖示《紅樓夢》兩則以外的十則小說，其敘事單元、敘事語式、敘事角度、敘事時間，以便檢索。

第三節　美學分析

使用結構主義的理論探討小說作品，有助於了解小說繁複的佈局及語言，但是嚴格說來，並無助於了解故事背後的涵義；而且小說是文人文學，個人獨創的成分較大，由於要推陳出新，因此也牽涉到可遇不可求的靈感；尤其月宮故事從神話、傳說過渡到小說，不可不注意作者對其中角色的價值重估。由於第一情節分析時，對小說與神話之間的脈絡已大致考察過，故本節即以之爲基礎，再次篩檢小說裡有關月宮主要角色自神話以來的意義綜合，探討是否具有其他深層含義，以補前文之不足。另外並從小說的藝術形式探討其美學價值。

一、外在形式分析

樂蘅軍在〈從荒謬到超越〉一文中，認爲神話情節可以根據構作心態和表現手法分類來看。例如出之於感情的神話情節，其中含有信仰的投射，或美感的賞悅；出之於理智的神話情節，則如烏托邦的托喻等。〔註42〕筆者對外在形式的分析，亦根據構作心態及表現手法分爲以下三類：

分　類	書　　名	篇名，回次，卷次	敘事單元	敘事語式	敘事角度	敘事時間
	開闢演義	38～40回	功能	表現、敘述	全知敘事	連貫敘事
	有夏志傳	2～3卷	功能	表現、敘述	全知敘事	連貫敘事
后羿嫦娥型	神仙鑑	卷3	功能	表現、敘述	全知敘事	連貫敘事
	七十二朝人物演義	13卷	功能	表現、敘述	全知敘事	連貫敘事
	故事新編	奔月	功能	表現、敘述	全知敘事	連貫敘事

〔註42〕參見樂蘅軍〈從荒謬到超越〉，收於樂著《古典小說散論》，頁227～265，台北，純文學出版社，民國73年12月初版。

果報謫仙型	西遊記	19 回	功能	表現、敘述	全知敘事	連貫敘事
	西遊記	95 回	功能	表現、敘述	全知敘事	連貫敘事
	女仙外史	全	功能、標志	表現、敘述	全知敘事	連貫敘事
	聊齋志異	卷 8	功能	表現、敘述	全知敘事	連貫敘事
夢中樂園型	月球殖民地小說	13 回	功能	表現、敘述	全知敘事	連貫敘事

1. 想　像

想像為此十二則小說之共同特色。月宮故事以荒唐之言、謬悠之辭成為小說的基本結構。以后羿嫦娥型的小說為例，便常用歷史和神話的經緯交錯，顯露出藝術心靈綺譎紛披的美麗，使讀者沉酣在神話的幻想中。

2. 用　典

《紅樓夢》第五回，林黛玉以「蟾宮折桂」比喻賈寶玉將來科場得意。月桂表現功名欲求，此種比喻方法晉已開其端，〔註43〕至唐代更常運用此典表示登科及第，反映當時科考制度下的惶惶人心，〔註44〕如李商隱〈赴職梓潼留別畏之員外同年〉中的：

> 桂花香處同高第，柿葉翻時獨悼亡。〔註45〕

及方干〈中秋月〉：

> 涼宵煙靄外，三五玉蟾秋。
>
> 列野晨辰正，當空鬼魅愁。
>
> 泉澄寒魄瑩，露滴冷光浮。
>
> 未折青青桂，吟看不忍休。〔註46〕

《紅樓夢》「蟾宮折桂」之典，迨由此而來。

3. 投　射

以投射手法把月宮故事應用到小說裡的，有〈奔月〉、《紅樓夢》及《聊齋志異・嫦娥》。《紅樓夢》以妙玉影射嫦娥。〔註47〕《十二金釵正冊》歌詠妙玉：

〔註43〕晉郤詵曾自比「舉賢良對策，為天下第一，猶桂林之一枝，崑山之片玉。」

〔註44〕此據李豔梅《唐詩中月神運用之研究》頁 112 所論。輔仁大學中文所碩士論文，民國 78 年 1 月。

〔註45〕見《全唐詩》卷五三九，頁 6164，台北，文史哲出版社，民國 77 年版。

〔註46〕前揭書卷六四，頁 7459。

〔註47〕參見太愚著《紅樓夢人物論》頁 38〜41，收於王國維、林語堂等著《紅樓夢

欲潔何曾潔，云空未必空。

可憐金玉質，終陷泥淖中。

同回〈紅樓夢十二支〉第七支〈世難容〉亦云：

氣質美如蘭，才華復比仙。

天生成孤僻，人皆罕。

你道是：啖肉食腥膻，視綺羅俗厭；

卻不知：太高人愈妬，過潔世同嫌，

可歎這青燈古殿人將老，

辜負了紅粉朱樓春色闌，

到頭來依舊是紅塵骯髒違心願，

好一似無瑕白玉遭泥陷，

又何須王孫公子歎無緣。

以致妙玉後來趺坐時走火入魔，爲盜擄走。《紅樓夢》一書的精細寫實和苦心經營的生舞台，在以妙玉影射嫦娥的作用下，似乎被揶揄、虛妄化了。但是這種忍情原是作者早就決定的安排。《紅樓夢》自〈好了歌〉便道破功名富貴、兒孫情色的負面價值，以追求精神上的安居爲主題。妙玉蕙質蘭心，又正值妙齡，不免思凡，想逃出幽寂的鐵檻，然而又孤芳自賞，妄執一己，仍舊逃不出有身之患和智運之苦，乃至人魔驚夢，落得「偶開天眼覷紅塵，可憐身是眼中人」的下場。太愚認爲《紅樓夢》以妙玉影射嫦娥，也許是妙玉的孤高，和李商隱筆下嫦娥的「碧海青天夜夜心」有共同之處吧。

〈奔月〉的投射更具荒謬感的陶醉和嘲弄，批判意識也有意無意地透入作品間。魯迅在〈奔月〉中以羿自況，而逢蒙則含有高長虹〔註48〕的影子。〈奔月〉的注文中曾詳細說明：

如這裡的「去年就有四十五歲了」以及下文的「若以老人自居，是思想的墮落」等語，都引自其中的一篇〈1925 北京出版界形勢指掌圖〉：「須知年齡尊卑，是乃祖乃父們的因襲思想，在新時代是最大

藝術論》，台北，里仁書局，民國73年5月初版。

〔註48〕高長虹，山西孟縣人，狂飆社主要成員。在 1924 年 10 月認識魯迅後，曾得到魯迅很多指導和幫助。他的第一本創作散文和詩的合集《心的探險》即由魯迅編輯並編入《烏合叢書》；魯迅 192 年編輯《莽原》周刊時，他是撰稿者之一。但至 1926 下半年，他藉口《莽原》半月刊的編者韋素園壓下向培良的一篇稿子，即對韋素園等進行人身攻擊，並對魯迅表示不滿。

的阻礙物。魯迅在去年不過四十五歲……如自謂老人，是精神的墮
落…」又如下文「你真是白來了一百多回」，也是針對高長虹在這篇
〈指掌圖〉中自稱與魯迅「會面不只百次」的話而說的。「即以其人
之道，反諸其人之身」，是以自其中的〈公理與正義的談話〉：「正義，
我深望彼等覺悟，但恐不容易吧！公理，我即以其人之道及諸其人
之身。」還有，「你打了喪鐘」，是引自其中的〈時代的命運〉：「魯
迅先生已不著言語而敲了舊時代的喪鐘。」「有人說老爺還是一個戰
士」、「有時看去簡直好像藝術家」，也是從〈指掌圖〉而來：「（魯迅）
所給與我的印象，實以此一短促的時期為最清新，彼此時實為一真
正的藝術家的面目，過此以往，則遞降而至一不很高明而卻奮勇的
戰士的面目。」〔註49〕

不過〈奔月〉的嘲弄終竟是寬容的，還不至於像現實嘲弄語言那樣的圖窮匕
見。而且對不明究裡的讀者來說，這種投射手法的微言大義，無異等於隱退
一旁，而讓趣味來遊戲人間；它嶄露的，主要是扭曲後的奔月神話在讀者心
中所喚起的歡愉。

　　至於《聊齋志異》中〈嫦娥〉一卷，則顯示出一種曖昧的喻意。寫嫦娥
下凡，與西山狐顛當共事一夫，笑謔逐戲，假作正經，甚且生兒育女。語句
撒潑，似為眾生痛下鍼砭；可是細細尋思，又多警策之句，彷彿作者以菩薩
之心，秉力斧之筆撰成此文，意在言外，流露出超過暗示層面的品趣，而為
文學情味的呈現。

二、人物意象分析

　　小說對月宮神話的運用，除了既成的典故外，大抵用點將錄的方式，把
月宮神話的重要角色如：嫦娥、后羿、西王母等，召喚到作品裏來，再運用
生花妙筆點綴成章。而每一個作品不免從其他地方引用文句，拚嵌成形，吸
收了其他作品，又加以變化，因此，互為指涉的概念取代了互為主體的概念。
通過指涉的不斷累積，所有月宮角色的形象，便在讀者心中前後一貫地凝聚
起來，以致月宮故事之角色在神話的原始形象無可避免地發生化學變化，產
生新的意義綜合。以圖示表現，即：

〔註49〕見註 12 魯迅書頁 33，註 8。

$$意義\,a\;+\;意義\,b\;+\;\cdots\cdots\;+\;意義\,n\;=\;意義\,ab\cdots\cdots n$$

　　爲什麼說是意義綜合而不說是意義轉換呢？因爲我們大腦不是字典，在查過第二個較爲適當的詞義後，馬上推翻第一個詞義；我們大腦具有意義組合的機能。在閱讀過程中，尤其如此。烏夫岡‧衣莎爾認爲：讀者以一種游動的觀點在篇章之內行進，而觀點的轉動，每每把篇章拆散，再形成一種延展與存留的結構，通過預期與記憶，這些觀點仍可互相投射到其他觀點之上，尤此形成了一些綜合。形成這些綜合的那些投射，本身便有雙重性質：它們出自讀者，但它們卻受到把自己「投射」給讀者的信號的制約。〔註50〕胡塞爾稱這些意識觀察之外的綜合爲「被動的綜合」，以別於通過謂述和判斷達成的綜合。〔註51〕更由於這被動的綜合是先於謂述、潛意識的，所以在整個閱讀過程中，讀者都不斷在製造這種綜合。讀者既然有閱讀過程中的被動綜合，那麼當他一旦成爲作者，自然可能把綜合後的訊息傳播出去，使得原來作爲信號的最小元素如同滾雪球般增大，同時發生質變，而曾爲讀者的作者也在這種普遍性的結合中得到滿足。以月宮故事爲例，大約可圖示如下：〔註52〕

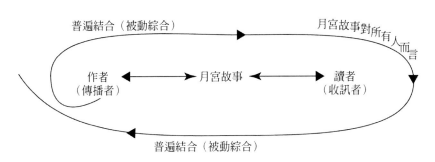

　　那麼，小說作者如何受到神話中信號的制約，綜合月宮故事主要角色的形象，以組成新意象呢？以下將分別由嫦娥、后羿、玉兔、西王母等角色在小說中的應用來考察。

（一）嫦　娥

　　嫦娥在上述的小說裡扮演兩種角色，在后羿嫦娥型裏是個竊藥者，在果報謫仙型裏是個償業者。

〔註50〕參見衣沙爾〈閱讀過程中的被動綜合〉，收於鄭樹森編《現象學與文學批評》頁81～120，台北，東大圖書公司，民國73年7月初版。

〔註51〕同前註。

〔註52〕此圖援自註2安德烈‧尼耶書頁22，略爲修正以符合本文需要。

1. 竊藥者

其實嫦娥並不是一個開始就是小偷。《文選・祭顏光祿文》注引《歸藏》：

昔嫦娥以西王母不死之藥服之，遂奔月爲月精。

嫦娥本來是「以西王母不死之藥服之」，並不是「以羿請來西王母不死之藥服之」，與後來《淮南子》的說法不同。高國藩也曾如此主張。〔註53〕而《歸藏》舊文和《靈憲》的詳細描述更是相去甚遠。《靈憲》不但說嫦娥偷竊羿由西王母處請來的不死藥、枚筮於有黃，甚至說嫦娥奔月後化爲蟾蜍，內容、精神上都較《歸藏》舊文繁複。從傳播學和讀者閱讀過程中的被動綜合考析，《靈憲》恐怕在「奔月」這個命題中，選擇嫦娥爲實驗對象，從古籍記載的投射裡組成新意，而使奔月故事的神話告終，進入一個新的里程。

嫦娥在神話裏的竊賊形象，難免會成爲小說作者創作時的制約，以致嫦娥在《七十二朝人物演義》、《神仙鑑》、《有夏志傳》及〈奔月〉中，成像爲一位不折不扣的「樑上君子」；只有《開闢演義》描寫嫦娥經羿教唆，私吞西王母不死藥，較接近《歸藏》的原貌。

爲什麼嫦娥竊藥會成爲小說作者廣泛運用的主題，甚至運用得如此相犯、雷同、公式化？似乎竊藥的嫦娥已成爲箭垛式人物，供人俎豆千秋了？這個答案可以從曾永義的「基因觸發」〔註54〕觀點詮釋：即后羿神話的基型中，含藏著嫦娥竊藥這個易於聯想的基因。這個基因經由文人的觸發，便會孳乳，由此再緣飾、附會，便會滋長、蔓延。然而換個批評尺度，由心理學的觀點來看，我們也發現不同的詮釋成規。

紐曼〈代罪羔羊的心理〉提出排遣犯罪心理的方法－製造一個代罪羔羊：

無論個人或羣體都以同一方式－陰陽投射－來排遣那基於存在的陰陽而產生的犯罪感。這個陰影既跟已認可的價值相牴觸，不能被接受爲個人自己心靈的負面部分，因而被投射－轉移到外在世界，同時被當作一件外物來體驗。這「外在的異體」被鬥爭、處罰和消滅，卻並不被當作「個人自己的內在問題」來處理。〔註55〕

〔註53〕 參見高國藩〈嫦娥神話新解〉，收於袁珂主編《中國神話》第一集，頁191～203。中國民間文藝出版社，1987年6月第一版。

〔註54〕 參見曾永義〈從西施說到梁祝－略論民間故事的基因觸發和孳乳展延〉，故於陳鵬翔主編《主題學研究論文集》頁161～174，台北，東大圖書公司，民國72年11月初版。

〔註55〕 參見紐曼著，蘇彩英譯〈代罪羔羊的心理〉，收於陳炳良等譯《神話即文學》

紐曼在文中並認爲有人類社會的地方，就可以找到這種爲自己脫罪的方法。猶太教儀式中，把所有不潔與罪惡都堆積到代罪羔羊的頭上，再把它放逐到曠野裏去，以進行集體的淨化，便是一個佳例。在這個層面上，罪惡被看作部族的集體結構，而在一個代罪羔羊－通常是異體，優越者在道德上的次等人－的犧牲中消滅。

這個理論適用於竊藥的嫦娥身上。面對可以解決人類困境，使人類突破生死藩籬，得以長生不老的不死藥，即使是曾爲讀者的小說作者也是垂涎欲滴吧！但是這塊禁臠卻落在羿手中。在這種情形下，嫦娥便成爲代罪羔羊，代替作者和無數讀者一遂竊藥心願。在這種情形下，《神仙鑒》裡金母叮嚀養期年再服金丹，《七十二朝人物演義》裏王母囑附偃羿存神定慮八十一日等等，只是作者的煙幕彈，其意無非製造嫦娥竊藥機會；而當嫦娥仁至義盡地聽候作者差遣，服下仙藥後，作者即以西王母指點迷津和吳剛造月宮爲由，把嫦娥放逐到連羿的神箭射程也無法到達的月宮。這是報償還是陰謀？恐怕連作者也不甚了了。

至於爲什麼作者會一致選擇嫦娥作爲竊藥者？筆者認爲一方面由於月宮故事在神話時，即是以此爲資訊傳播給後代，一方面嫦娥在整個后羿神話中的對比性強烈，〔註56〕足以使她在豺狼虎豹、毒蛇猛獸的原始世界中成爲異體，〔註57〕變成小說作者下箸的目標。

2. 償業者

果報謫仙型小說裡的嫦娥，除了《西遊記》十九回仍留在廣寒宮外，都是以下凡了業的姿態呈現在讀者面前。其形象則不一，或如《西遊記》十九回的貞靜嫻美，或如九十五回的模糊不清，或如《女仙外史》的剛烈正義，或如《聊齋志異》的矯情造作。但是如果考察此四則小說中嫦娥與神話的淵源，約可分爲兩類，一類與神話內容有關，如《西遊記》九十五回及《女仙外史》；一類與神話內容無關，如《西遊記》十九回及《聊齋志異》卷八。

本章首節曾分析《西遊記》十九回及《女仙外史》的神話脈絡，此不贅述。讀者可以注意到：在果報謫仙型小說中，作者已不在侷限於后羿、嫦娥的神話主題，而嘗試讓嫦娥出月宮，甚至以反諷的方式，令嫦娥到凡間生兒

　　　　頁85。台北，東大圖書公司，民國79年2月初版。
〔註56〕參見第三章第二節。
〔註57〕參見註56紐曼文頁86～87。

育女。在典型的月宮神話裡，我們從來不知道嫦娥是高是矮，是溫柔還是潑辣，只在想像中塑造她，而想像是完全不受束縛的。由於神話敘事的不確定，帶給小說作者寬廣的創作空間，作者以心靈的眼睛整合嫦娥這個形象在不同時候展現的意蘊，以致小說中的嫦娥總不固定在一個形象上。所以筆者認為，不論果報謫仙型的嫦娥是否與神話中有淵源，仍是作者意義綜合下的產物。賴爾的舉例正是一個好說明：

> 看見黑爾維連山的快照，都必然蘊含著對此山有一種視覺上的感覺。但以心靈的眼睛看到此山並不蘊涵這種感覺；不過，它卻包含看見黑爾維連山更為複雜微妙的作用。它是對於黑爾維連山該是什麼樣子的知識之一種使用，或在思想一詞之某種意義下，它是思想此山該是什麼樣子。有一些期望，在親見黑爾維連山時將會得到實現；不過摹想此山就像要把這些期望實現的演習。可是，摹想總還包括一點微弱殘存的感覺，它完全缺乏我們在看到此山時所得到的感覺。〔註58〕

這個分析修正了我們以經驗為憑依的形象概念，可以恰如其分地應用到償業的嫦娥身上：嫦娥不只是神話中的對象，而且昇華為一種玄想。

（二）后　羿

小說中關於后羿的描寫，集中於第一類「后羿嫦娥型」，而依其性格又可分為兩類：一是勇者，如《開闢演義》、《有夏志傳》、《神仙鑒》、《七十二朝人物演義》；一是懦夫，如〈奔月〉。但是兩類中的后羿英勇事蹟，則都依照神話裡射日、射河伯、除封豨、修蛇、獿貐、得不死藥等模式發揮，較具創意的要屬《有夏志傳》及〈奔月〉對后羿的描寫。

神話中羿的問題聚訟紛紜，《有夏志傳》採用《左傳》「因夏民以代夏政」的說法，再加上《孟子‧離婁篇》的「逢蒙學射於羿，盡羿之道，思天下惟羿為愈己，於是殺羿」，把羿塑造成典型的英雄，而「奔月」只是后羿故事的小插曲。其中的羿不但聽臣下之勸，受地而遣嫦娥，又從善如流，終仲康之世，都勉修相職。後來后羿親率逢蒙等人入夏王宮搜寶貨，篡奪夏朝江山，以致得意忘形，為逢蒙和寒浞設計殺害。正如《小說見聞錄》所說，《有夏志傳》寫的后羿，從忠臣、被迫害者發展為一個再三想奪帝位，能忍自修的有

〔註58〕轉引自註50烏夫崗‧衣沙爾文頁84。

道之士，終於在奪取了帝位以後，又爲自己的親信所害。這裏的描寫集結了《左傳‧襄公四年》的時代和寒浞、《山海經‧海內西經》、《淮南子‧覽冥訓》的不死藥和嫦娥奔月、《孟子‧離婁》中羿與逢蒙的師徒關係，以及其他古籍中關於羿善射的記載，〔註59〕將羿成像爲一位野心家。而在作者整合集結的過程中，我們發現神話裏不同面目的羿互相交疊、互相限制、互相變化，組成一個嶄新的羿。

神話過渡到小說時，其中角色的價值重估，由〈奔月〉裏對羿形象的扭曲來看最爲明顯。當然，魯迅寫〈奔月〉的時候，有意以羿影射自己，以致后羿染上了魯迅刻意製造的色彩：猥瑣、懦弱、無能、老是緬懷昔日風光。然而換個角度來看，也許魯迅寫〈奔月〉時，是經驗著一種「非實在化」的過程，〔註60〕全神貫注於把自己投射在羿身上，以致脫離實在；換句話說，魯迅只是借重后羿表達自己的特殊經歷，卻被他所塑造的后羿拉進作品裡，無法自拔。也許在魯迅放下筆的時候，這種「非實在化」會放緩減弱，使他從作品中「覺醒」。但是無論作者曾經如何扭曲羿的形象，在點明羿的豐功偉業－諸如射日平怪等時，仍然身不由己地受神話的制約。

如果以上對魯迅創作〈奔月〉的心路分析無誤，那麼說明了兩點。第一，閱讀過程得以想像對象的形象，離開了想像，這對象便沒有自己的存在。第二，正由於這對象並沒有自己的存在，是出於我們想像和製造，所以我們實際就在它的存在之中，而它也實際就在我們的存在之中。如此一來，讀者、作者、作品和世界也就在這被動綜合中渾然一體，如劉若愚所圖示：〔註61〕

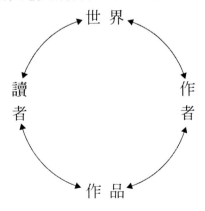

〔註59〕參見第三章附表一。

〔註60〕同註58。

〔註61〕見劉若愚〈中西文學理論綜合初探〉，收於註50鄭樹森書，頁133。

3. 西王母

西王母在小說中的應用，集中在后羿嫦娥型的四則小說，以及報謫仙型的《女仙外史》、《聊齋》中。雖然在這六則小說中，西王母充其量只是配角，但是卻扮演著帶動情節的角色，可謂舉足輕重。例如在編號 2、3 兩則小說裡，羿由西王母處得不死藥；編號 2 嫦娥奔月是西王母指示；編號 1 西王母於嫦娥處搗藥，引發羿與嫦娥竊藥動機；號 4 金母剝削后羿建殿，以不死藥為交換；凡此都將情節帶入高潮。《女仙外史》裏，王母在蟠桃會上暗示嫦娥將下凡歷劫，卻仍藉蟠桃會上的歌舞昇平粉飾危機；《聊齋》裡的嫦娥曾受王母照料，此二則中的王母，是個介中因子，或者可以說是個中介者。〔註 62〕

王母不但介於羿以及嫦娥的對立中間，而且由於他掌不死藥，所以也介於生和死中間。正如李區所說：

> 如果 A 與 B 分屬二範疇，B 為非 A，A 為非 B，而中間有一範疇 C，同時兼有 A 與 B 的性質，那麼 C 便是一個禁忌。〔註 63〕

他又說這個過渡範疇：

> 和正常的理性範疇相形之下，是「變態的」、「反常的」。因此神話中充滿了半人半獸的怪物、人形神、處女母親。在中間地帶是變態的、非自然的、神聖的。一切的禁忌與儀式均著眼於此。〔註 64〕

張漢良便曾運用這種說法，詮釋唐傳奇〈南陽士人〉的語意層面。〔註 65〕筆者以為「禁忌」這個觀念，可以闡明西王母在上列六則小說裏的人物關係，以及潛藏在情節下的意義，故挪用於此。但是在挖掘小說裏的深層意義之前，我們仍有必要了解：作者如何綜合西王母形象以作有效運用。西王母的狀貌，從《山海經》的「如人豹尾，虎齒善嘯，蓬髮戴勝」〔註 66〕、「六處」、〔註 67〕、「梯几」的半人半獸，〔註 68〕到《漢武內傳》的「著黃金褡褸，文釆鮮明，光儀淑穆。帶靈飛大綬，腰佩分景之劍，頭上太華髻，戴太真晨嬰之冠。履

〔註 62〕介中因子（mediating factor）或譯中介者，指二元對立的人或事中間的過渡地帶。參見註 22 張漢良書，頁 236。

〔註 63〕錄自前揭書 24。

〔註 64〕同前註。

〔註 65〕前揭書頁 215～254。

〔註 66〕見《山海經・西山經》。

〔註 67〕見《山海經・大荒西經》。

〔註 68〕見《山海經・海內北經》。

玄璃鳳文之舄。觀之年可三十許，修短得中，天姿掩藹，容顏絕世」〔註 69〕
的美女，其間差異眞不可道里計。我們蒐集的小說中，對於西王母形象並未
加以描述，唯《神仙鑑》寫金母命羿造金殿，文明色彩較重，已脫離《山海
經》裏的穴居時代，如果由此想像西王母狀貌，應該已不是半人半獸的怪物，
但是究竟如何仍不得而知。

　　作者主要是利用西王母的職司作文章。西王母的職司，在《山海經・西
山經》中是「司天之厲及五殘」，具備死神特性；《淮南子》「羿請不死藥於西
王母」及《漢武故事》中的「上拜迎，延母坐，請不死之藥」，則西王母由於
掌不死藥，又具備生之神的特性；何新甚至說有月神性格。〔註 70〕而把西王
母的職司抽象出來，西王母則代表神聖，或甚至是一種禁忌。汪琪《文化與
傳播》以指示意義、內涵意義、抽象意義代表詞語翻譯由具體到抽象的三層
次；〔註 71〕其實以傳播的角度來說，「西王母」這符號也可以由收訊者－即讀
者，翻譯或還原爲指示、內涵、抽象三層次，圖示如下：〔註 72〕

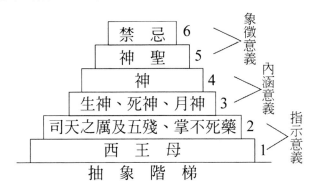

　　上圖西王母一詞的意義，以其職司爲準，越底層越具體，越上層越抽象。
一、二階是西王母的指示意義，我們可以看出，在第一階的西王母意義最明
確具象，第二階由其職掌也可以明確看出指的是西王母；三、四階是西王母
一詞的內涵意義，第三階的「生神、死神、月神」是由第二階抽離出來的職
稱，第四階再由第三階的代表性意義抽出，意涵較爲普遍，同時也模糊許多，
如果只從「神」無法讓人直接等同於西王母；至於五、六階則完全是象徵意

〔註 69〕收於《漢魏六朝文彙》，台北，中華書局。
〔註 70〕參見第二章第一節。
〔註 71〕參見汪琪《文化與傳播－「世界村」裏的溝通問題》頁 187～198，國立政治
　　　　大學新聞研究所，民國 71 年 4 月初版。
〔註 72〕此圖改自前揭汪琪書，頁 199。

義。大抵西王母一詞的抽象階梯，由上到下是包含的關係，由下到上是屬於的關係，即：

禁忌⊃神聖⊃生神、死神、月神⊃掌不死藥、司天之屬及五殘⊃西王母

西王母一詞的抽象階梯所代表的三層意義，事實上也是意義綜合的過程。小說作者在作品中所呈現的西王母，指示意義和內涵意義是讀者一望而知的，然而更由於抽象意義裡禁忌的使用，使西王母這個介中因子有了神祕和權威的特色。

《神仙鑑》裡以不死藥爲金殿的交換條件，顯得她「拔一毛以利天下，不爲也」的小器；同書及《七十二朝人物演義》裏，王母予羿不死藥，又要他靜養多日服之，使得小說情節呈現兩難式的弔詭：一來羿向以除暴安良爲其英雄事業，如今西王母令他形同退隱以修身服藥，那麼這位指點迷津的智者，無異成爲羿在現實世界追求功名的絆腳石；二來羿既不可能「靜養期年以服之」，自然給嫦娥覬覦不死藥的機會，而羿又無法把不死藥拱手讓人，那麼西王母此舉，無異陷羿於不仁，陷嫦娥於不義。再以《女仙外史》爲例，早在蟠桃會前，西王母就預知嫦娥將有劫數，卻以宿命爲由，不但沒有給嫦娥情報，又多贈蟠桃以示好，弄得嫦娥一頭霧水。這些例子告訴我們西王母的禁忌意義：在小說中，她以破壞者的身分介入二元對立－羿與嫦娥、嫦娥與天狼星、生與死－之間，借勺水興洪波，推動情節發展，斷非一般來既無端、去亦無謂的次要角色。

第五章　民間故事中之月宮故事

第一節　故事類型與情節分析

　　本章蒐集的月宮民間故事共十八則，流傳省分包括台灣、福建、廣西、貴州、雲南、湖北、河南、吉林、甘肅、蒙古、黑龍江十一省，流傳民族包括漢、瑤、侗、布依、僮、獨龍、白、苗、赫哲、蒙古十族。大抵以中華民族流傳的故事爲討論內容，其他國家、民族的月宮故事爲旁例。而在蒐集資料時，以月爲本體或將月擬人化的民間故事已經篩除。

一、故事類型

　　這十八則民間故事，依其表現主題可略分爲三大類：

　　（一）地方風物型：以說明地方風物來由爲主。例敦煌古時候爲什麼稱爲瓜州、月牙泉的來歷、洱海月爲何特別明亮等等。這類民間故事，月中仙子大都擔任穿針引線的角色。

　　（二）日月代序型：以說明太陽和月亮出現時序的原因爲主。這類型的太陽和月亮本來都是人間情侶，爲某種原因被關在兩個星體中，難得碰面。愛情是這類民間故事的訴求主題。

　　（三）月中陰陽型：以說明月中陰陽爲主。這類型自神話衍化的痕跡最著，包含月桂、月裡美人、吳剛等情節要素，並加入口傳文學自由奔放的想像，爲原來的月中陰影加料添椒。

　　（一）地方風物型

　　這類故事有四則，敘錄如下：

1. 甘肅漢族〈瓜州的傳說〉：古時候，西王母住在三危山，每五年要舉辦一次蟠桃大會，宴請人間各國王子。有一年，桃槐國王應邀參加蟠桃大會，敬獻一種瓜，此瓜個大體圓，皮綠如翠，瓜瓤如血，瓜籽似墨，汁水如蜜，沙甜清香，能止渴解暑，使人心曠神怡。因為桃槐國在蔥嶺最西邊，所以西王母命之為西瓜。一日嫦娥來三危山遊玩，西王母以西瓜招待，臨走時要了一把瓜子。回月宮的路上，嫦娥見老農在盛夏的田裏揮汗如雨，以西瓜籽相贈。老農一家人以種瓜致富，而種瓜的人也愈來愈多，便把此地稱為瓜州。又為感謝嫦娥好意，便在每年八月十五設香案、獻西瓜。此事為西王母知悉，大怒，傳令風婆颳起大風，把西瓜吹到安西，因此後來把安西叫做瓜州。大風吹跑西瓜，又颳來黃沙，從又把敦煌叫做沙州。浩尚存講述。〔註1〕

2. 甘肅漢族〈借月亮〉：白雲仙子在天空飄遊，經過敦煌，看到這裏大旱，莊稼枯死，人們悲苦，仙子心如針刺。但是得不到雷公電母相助，無法降雨，只好傷心掉淚。淚珠兒落到地上，變成一座清泉，解除人間乾旱。人類為白雲仙子修廟宇、塑金身，香火鼎盛，使對面神沙觀相形見絀。神沙大仙嫉妒白雲仙子，用流沙填清泉。白雲仙子到九天向嫦娥借月亮，與神沙大仙鬥法。時初五，白雲仙子把新月攤在廟前，眨眼間變成一座形如偃月、碧波蕩漾、清冽瑩澈的水泉，這就是現在的月牙泉。楊大爺講述。〔註2〕

3. 雲南白族〈洱海月〉：大理海東段岸黑，打魚為生。一日捕魚時發現小船裡射出金光，原來是月宮裡七公主。七公主的父王娶了豬婆龍為繼室，豬婆龍逼七公主嫁給她的大弟邪龍王，七公主不肯，逃婚至此。又見段岸黑善心勤勞，於是兩人成親。婚後七公主每天和岸黑出海打魚，晚上就拋下一面銅鏡到海中，使海底出現金月亮，老鄉們各個滿載而歸。不料，豬婆龍的三弟孽龍在海底作怪，掀翻船隻，吞食魚羣。七公主為漁民與孽龍作戰，取出銅鏡護身，洩露身分。七公主在被月宮神主押回月宮前，把銅鏡留給岸黑。岸黑憂憤成疾，一病不起，臨死前交代鄉民把銅鏡放到洱海中，變出金月亮，永鎮妖邪，保佑地方平安幸福。於是金月亮在洱海中便世世代代放射光芒。楊錫蘭蒐集整理。〔註3〕

〔註1〕 參見陳慶浩、王秋桂主編《中國民間故事全集》冊二九，頁89～92，台北，
　　　　遠流出版事業股份有限公司，1989年6月初版。
〔註2〕 同前註書，頁101～104。
〔註3〕 同註1書，冊九，頁57～62。

4. 貴州布依族〈月光鞭〉：現在的花溪住著甫納寨的布依人和苗卡寨的苗人。兩族人走村串寨，親如一家。特別是甫納寨少女阿月和苗卡寨少年阿波戀愛，即將成婚。甫納寨土司眼紅，在現在的花溪一帶插草為標，霸占土地，並把苗人趕到深山老箐裡去，拆散阿月和阿波。一日阿月夢見月亮仙子賜給她一條月光鞭，告訴她用法。阿月甩起月光鞭，在甫納寨到深山老箐間甩出一條月光大路，兩族同胞又能見面。土司陰謀奪得月光鞭，向深山老箐一陣亂甩，忽然半空一聲巨響，月光鞭從土司手中飛向天上，月光大路也霎時變成一條大河，淹沒土司。這條河水把布依族和苗族連在一起，兩族同胞還在沿岸種花，並名此河為花溪，這就是花溪的由來。陳明和講述，羅文錦蒐集整理。〔註4〕

（二）日月代序型

這類民間故事有兩則，但是應該不止。〔註5〕敘錄如下：

5. 吉林漢族〈磨盤山和太陽神〉：太古發生一次天地裂，地面上剩下一個十八歲的姑娘和一個二十歲的小夥子。逃難中，二人結為兄妹。經過千辛萬苦，跑到磨盤山上。妹妹提議兩人成婚以延續後代，又礙於兄妹名份，於是哥哥在高峰，妹妹在低峰，兩人各推一個磨盤，以磨盤是否相合決定是否成親。結果磨盤在山坡相連處對合，兩人結為夫婦，人煙漸多。但是由於大天災，日月活動失序，於是妻子上去管太陽，丈夫上去管月亮。從此太陽每天朝出東方，暮落西山，百姓有了日夜；月亮有圓缺，百姓也有了初一和十五。捷然蒐集整理。〔註6〕

6. 西南地區〈太陽和月亮〉：古時候，天上有兩顆又圓又亮的大星，一冷一熱，整天在一起行走。一位名叫太陽的農家姑娘與鄰村名叫月亮的年輕人熱戀，而太陽姑娘的父母把她許給惡霸巫師臘亞。太陽與月亮向青石求救，青石獻計失敗，兩人被臘亞抓走。臘亞千方百計強迫太陽跟他成親，太陽不答應，臘亞把他倆分別關在天上那兩個大星星裏，可是他們仍舊你望著我，我望著你，天天在一起旋轉。臘亞再施魔法分開兩個星星，叫姑娘住的那個走白天，小夥子住的那個走晚上，兩人再也碰不到一起了。宋哲整理。〔註7〕

〔註4〕　同註1書，冊十三，頁142～146。
〔註5〕　其他日月代序的故事，多以日、月本身為人格神，與筆者定義之月宮故事扞格，故不錄。
〔註6〕　同註1書，冊三三，頁3～5。
〔註7〕　參見宋哲編《西南民間故事》頁23～25。收於《北京大學民俗叢書》冊一五八，台北，東方文化書局複印本。

這兩個故事都是針對太陽和月亮的運轉解釋，而愛情是重要的主題。其中，〈磨盤山和太陽神〉兄妹結爲夫婦的情節，與漢墓磚畫中常見的交尾伏羲女媧雷同，而這兩個故事住在太陽裡的都是女性，住在月亮裏的都是男性，似乎有合流的情形。〔註8〕

（三）月中陰陽型

這類型民間故事以解釋月中陰陽爲主題，在蒐集的十八個故事中占了十三個，爲數最多。這似乎說明了人們對月宮故事的興趣，仍集中在嫦娥神話以來「月中有什麼」的問題上。此依月中生物分爲四小類，即月中美女、月中男子、月中動物、月中植物，敘錄如下：

甲、月中美女

7. 台灣阿眉族〈月亮裏的倩影〉：嘉理宛社少女傅婀娜被挑選出來，在一年一度的豐年祭中擔任要務。當儀式進行到最高潮時，她必須從一隻滿盛月桃花的籃子裡取出花朵，放在臥於樟木板的青年男子腹部，再跪下去用嘴唇含起花朵，左右腹部各含兩枝，由她所含下來的花朵好壞斷定今年的豐歉。傅婀娜發現橫臥著的青年，就是殺死她情郎的仇敵，心如刀絞，無法進行儀式，頭目以爲傅婀娜害羞，硬把她推倒在那青年身上。傅婀娜羞憤交加，決定以一死殉情，同時爲全族祈求豐盈，便跳海自盡。臨死前告訴其妹，她將捧著月桃花籃到月亮中去。今天月中倩影，就是傅婀娜。無言采錄。〔註9〕

8. 湖北〈天帝懲罰〉：嫦娥是天帝的表姪女，碰到一隻兇惡的天狼向她撲來。后羿射死天狼，救下嫦娥，天帝便把嫦娥許配給后羿，又贈他神弓和箭。后羿下人間助堯治天下，並射下九日。十日是天帝之子，后羿射日時，惹怒天帝，於是天帝便把后羿貶入凡間，把嫦娥打入月中廣寒宮，使夫妻永遠分離。馮美柏口述，周五喜蒐集，周五喜、梁萬程整理。〔註10〕

9. 河南〈逢蒙盜藥〉：后羿爲民造福，射下九日。老道欽佩后羿，贈他一包不死藥，后羿的徒弟逢蒙上門盜藥，嫦娥護藥，迫不得已吞藥，遂奔月。從此

〔註8〕 曾永義〈從西施說到梁祝〉一文中，認爲文學間的感染與合流是民間故事孳乳展延的線索之一，見收於陳鵬翔主篇《主題學研究論文集》，頁173～174，台北，東大圖書有限公司，民國72年11月初版。

〔註9〕 參見無言〈月亮裡的倩影〉，收於婁子匡編纂《北京大學民俗叢書冊》冊十一，頁3～6，台北，東方文化書局複印本。

〔註10〕 參見高國藩〈嫦娥神話新解〉，收於袁珂主編《中國神話》第一集，頁192～203，中國民間文藝出版社，1987年6月第一版。

夫妻二人再不得見，每年中秋節人間遙祭嫦娥成爲風俗。章林蒐集整理。〔註11〕

　　這四則民間故事都把月中陰影詮釋爲美女，但是月宮在此卻不是神話中的樂園，而是一個避難所或拘留所，月中美女是無法向人告解、得不到救贖，不得已才住到月宮去的。編號8〈天帝懲罰〉有似於《女仙外史》中嫦娥、后羿、天狼星的恩怨情仇；其中后羿射日惹怒天帝一段，袁珂就此註釋〈天問〉王逸注「何獻蒸肉之膏而后帝不若」的原因。〔註12〕而9〈逢蒙盜藥〉的逢蒙則一如其在古籍裏的精細、叛逆性格。

乙、月中男子

　　10. 貴州侗族〈救月亮〉：侗家武士叟箭法高明，他的箭能穿過雲層，命中目標。那時候夜裡常有妖怪出來害人，可是月亮照得地上亮光光的，無論怎樣狡猾的妖怪，都逃不出叟的神箭。妖怪向魔王求救，魔王到月中變成一株大榕樹，越長越大，使月亮黯淡無光。叟飛身到月宮，抽出砍刀向大榕樹砍去，可是剛把刀抽起，榕樹的短口馬上癒合。如此連砍幾十刀，榕樹不但沒有損傷，而且叟的兩手和那把刀緊緊黏在樹上，抽不出來。叟怒喝三聲，震落魔王變成的妖樹枝葉，救了月亮。後來叟便留在月宮裏，一直監視著魔王。奈勾講述，華謀蒐集整理。〔註13〕

　　這則故事裏的叟，隱與吳剛伐木故事相合。但是吳剛所伐的桂樹永遠伐不斷，和吳剛一起留在月宮中，而叟伐的太榕樹卻被他的正義之聲震垮，月宮中只留下叟一人。而且叟和吳剛代表的意義也不同，叟是救月的英雄，吳剛是謫仙的代罪之身。

丙、綜合式

　　11. 閩南〈月亮裡面的猴子〉：樹林裡住著猴子和老羊，他倆是好朋友，也一直樂於助人。一天老羊出外覓食，忽然來了一個老人，向猴子要東西吃。猴子拿出許多果子請老人吃。原來老人是神仙變的，要來試試猴子和山羊助人的心願是否言行一致。仙人爲了感謝猴子，畫了一張猴子採仙桃的圖，放住月亮裏，使世間的人們永留紀念。黃春桃采錄。〔註14〕

〔註11〕同前註。

〔註12〕參見袁珂〈嫦娥奔月神話初探〉，收於袁著《神話論文集》頁133～146，台北，漢京文化事業有限公司：民國76年元年活版一刷。

〔註13〕同註1書，冊十四，頁31～33。

〔註14〕參見謝雲聲《福建故事》中冊，頁1～3，收於《北京大學民俗叢書》冊九九，台北，東方文化書局複印本。

12. 雲南獨龍族〈月桂〉：獨龍河邊住著一個寡婦和她兩個兒子，種包穀地度日。秋天包穀將熟，母親打發兄弟倆去看守。兄弟倆到了田裡，發現有鬼，跑回來告訴母親。母親不信，自己去看守包穀，被鬼吃掉。鬼變成母親的模樣，帶上母親的手鐲，把手伸進門口，想把門騙開。弟弟發現「母親」手上長滿了毛，不敢去開門。鬼把毛拔光，又伸進門來，哥哥信以為真，不聽弟弟勸阻把門打開。鬼變成的母親命令兩兄弟輪流和他睡，弟弟不肯；結果哥哥被鬼吃掉了。弟弟裝作小便要出去，順手抓了一根長矛，爬上梨樹吃梨。鬼叫弟弟摘梨給他，弟弟用長矛挑了一個梨子，狠狠刺向鬼的咽喉。可是鬼的血濺到梨樹，弟弟下不來。月中仙子飛來救弟弟，連人帶樹一起接到月亮上。據中月中的桂花樹，就是那棵梨樹變成的。李子賢蒐集整理。〔註15〕

13. 〈九月中桂〉：月中原來沒有桂樹，長著許多仙花，住著許多仙女，只有牧龍仙人吳剛是男性。吳剛嗜酒好賭又懶散，時常讓龍走失。一天吳剛牧龍途經崑崙山，遇到許多仙人朋友在喝酒、猜拳、行令，吳剛逞能加入，輸掉制龍珠。月中仙女得知此事大怒，立即在地下種了一粒明珠，生出一棵大桂樹。他們給吳剛一把斧，教他斫樹枝，假使樹枝不繼續長出來，就恕他無罪。可是吳剛伐木後，傷口立刻癒合重生，比原來的枝更大。〔註16〕

14. 廣西桂平〈月亮裡天丹樹的故事〉：富翁石崇心地壞又驕傲，有一年新年在門口貼上自己寫的對聯：「天下有富不有貧，世間由我不由人。」他的女兒阿香私自把它改成「天下有富亦有貧，世間由命不由人」，石崇惱怒，把阿香許配給他認為最窮的人－柴夫朋居。阿香發現朋居採些的山坳裏全是金子，叫他搬回家，又把家重新改建，以金母石為大門，從此財源滾滾，富可敵國。石崇知道後，想害死朋居奪他財產，便埋伏在天丹樹後，刺死朋居。阿香趕來，悲慟中不小心踩死老鼠，卻發現另一隻老鼠咬了天丹樹根的皮蓋在死鼠身上，死鼠復活。於是阿香依樣，救活朋居。石崇得知天丹樹壞事，拿把斧頭要砍掉它，可是斬了又恢復原狀。最後一天，石崇乾脆睡在樹的傷口上，那知第二天醒來，石崇已被樹根含住，永遠離不開樹根了。今天月亮裡的陰影就是天丹樹，樹根裡橫著的便是石崇。陳步文采錄。〔註17〕

〔註15〕同註1書，冊八，頁574～575。

〔註16〕收於《北京大學民俗叢書》冊十二，頁8～9，台北，東方文化書局複印本。

〔註17〕參見《民俗》四七期，頁49～55，收於《中山大學民俗週刊》冊十八，民國18年2月版。

15. 蒙古、蒙古族〈月亮姑娘〉：孤女遭後娘虐待，從早到晚忙個不停。姑娘挑水時在路上歇息，後母暴跳如雷地叫道：「哎呀！乾脆讓太陽和月亮把你抓走吧！」她剛一說完這話，太陽和月亮就從天上下來了。姑娘嚇得直發抖，牢牢抓住身邊的杷柳樹。太陽同情月亮黑夜獨行的寂寞煩悶，把權利讓給月亮。於是月亮便把姑娘連同水桶、杷柳樹一起帶到月中住了。布拉托夫蒐集整理。〔註18〕

16. 廣西瑤族〈繡錦印月〉：古時天上出現了噴火的月亮。有一對夫妻雅拉和尼娥準備射月。受仙翁指引，雅拉必需吃虎鹿肉才有勁拉得動虎筋弦弓。尼娥倆將大網網住虎洞口和鹿洞口，捉到虎和鹿。於是雅拉食肉，拉箭射月，射掉月亮的稜角，但是月中仍有毒氣的光。尼娥绣了一幅錦，錦上有白兔、桂樹和自己。綉好以後，綉錦忽然飛入月中，蒙住月亮，月亮便不再毒熱了。尼娥隨錦印入月宮，雅拉也順著尼娥的長辮爬入月宮，過著甜蜜的生活。高國藩采錄。〔註19〕

17. 雲南僮族〈銅鼓老爹〉：山腳村有一個白髮老人，靠打草鞋過活。老人的祖父打過仗，遺下一個大銅鼓。老人有空的時候喜歡敲鼓講故事，大家叫他銅鼓老爹。一日銅鼓老爹看到一對母子被急流沖走，決定在河面上建造大石拱橋以解決大家的困難。每天黃昏，銅鼓老爹講故事攢建橋工資。他的故事講得好，喜鵲、清風、星星和月亮裡的仙姑們也愛聽。老爹終於攢夠了錢，砌好一座大石拱橋。可是他在砌橋時傷了腳，又延誤醫治，從此不能出來講故事。一個中秋節晚上，一大羣喜鵲飛進老爹家裏，把老爹、銅鼓和門前的桂花樹攏進月宮中。老爹到月宮中，吃了兔子搗攔的靈藥，喝了仙姑舀來的泉水，治癒腳傷，又精神抖擻地坐在桂花樹下敲銅鼓、講故事。仙姑們圍在他身邊靜靜地聽。蕭甘牛采錄。〔註20〕

18. 黑龍江赫哲族〈月亮〉：伯雅木齊格十來歲就當了童養媳。他的婆婆又刁又狠，不但天天給她氣受，而且還想把她休回娘家。一天入夜，伯雅木齊格去挑水，想到自己命苦，不覺把水桶擱在水塘邊，望著水裏的月影出神。月亮裡伸出棵樹，越伸越長，一直把枝條拉到伯雅木齊格跟前。她緊拉著樹

〔註18〕同註1書，冊三六，頁20～21。

〔註19〕同註10。

〔註20〕參見蕭甘牛《僮族民間故事》頁1～7，收於《北京大學民俗叢書》專號（2），民族篇二十，台北，東方文化書局複印本，民國65年版。

枝，飄飄悠悠地飛上了天，住到月亮裏，從此再也不受氣了。至今每到月圓時候，還能看見她正拉著一棵大樹。尤蘆氏、韓福德講述。〔註21〕

這八則故事結合了神話裏關於月中陰影的各種說法，把原本清冷的月宮妝點得熱鬧非凡。〈銅鼓老爹〉的月裡裡有銅鼓、老爹、桂樹、兔子和許多仙女；〈繡錦印月〉的月宮則是個和樂甜蜜的家庭，住著雅拉、尼娥夫妻和一株桂樹、一隻白兔；〈月亮姑娘〉的月中有一個孤女和她的水桶，以及杞柳樹；〈月亮裏天丹樹的故事〉把壞心的石崇和天丹樹一起帶進月中；〈九月中桂〉吳剛在月亮裏徒勞無功地砍伐桂樹；〈月桂〉一則，月中仙子把聰明的弟弟和梨樹救入月中，〈月亮裏面的猴子〉則是仙人感念猴子一片誠心，把猴子和果樹畫入月裏受人景仰。大致上這些故事以兔子、月中仙女、桂樹為基本情節要素衍化而成，月宮神話的痕跡清晰可見；但是民間故事比起神話來，已有更多活動和自由替換的可能性。〔註22〕

二、情節分析

本節擬就三大類民間故事中的月宮故事比較情節單元，探討其情節演進，並追尋自神話、傳說、小說演變而來的以脈絡。

此型四則之情節單元列表如下：

編號	傳說地	月中仙子	惡勢力	真接與惡勢力抗爭	間接與惡勢力抗爭	中間道具
1	瓜州	嫦娥	西王母	嫦娥		西瓜
2	月牙泉	嫦娥	神沙大仙	白雲仙子	嫦娥	新月
3	洱海	月宮七公主	豬婆龍及其弟	月宮七公主		銅鏡
4	花溪	月亮仙子	土司	布依族及苗族人民	月亮仙子	月光鞭

按照上表之情節單元，可以分析如下：

1. 傳說地、中間道具

此四則均是因為特殊地理環境而逐漸流傳的民間故事。其中月牙泉之「月

〔註21〕同註1，冊三二，頁128～129。

〔註22〕參見卡登著，陳炳良譯〈神仙故事、神話與文學—俄國結構主義的方法〉，收於陳炳良等合譯《神話即文學》頁49～67，台北，東大圖書股份有限公司，民國79年2月初版。

牙」即爲弦月，因此有借新月解旱之說；洱海澄澈如鏡，月昭映其上格外分明，因此有月中仙子以銅鏡助漁民捕魚之說，二者均與月有直接關係。至於瓜州及花溪的民間傳說，則純粹借月中仙子以發揮情節。月光鞭劃地爲溪，沿溪植花，因而名爲花溪；嫦娥送西瓜籽，因而名爲瓜州。花和西瓜才是地名由來，月宮故事只是作爲點綴潤色之用。

2. 惡勢力、直接與惡勢力抗爭

這裏扮演惡霸角色的惡勢力，多與當地環境有關。例如敦煌自來風沙大，人民不勝其苦，所以神沙大仙是惡勢力；洱海漁民捕魚，最怕風浪，因而掀起浪濤的豬婆龍及其弟，在人民心目便代表惡的一方；至於西王母蟠桃會、贈瓜籽等情節，恐怕直接或間接受到古典文學影響，〔註 23〕或是西王母成爲女仙統領後，〔註 24〕被民間文學轉化、應用，形成上司－王母與部屬－嫦娥的對立關係。直接與惡勢力抗爭者或成爲柔弱無助的角色，如布依族及苗族人民；而民間故事也多賦予他們美麗形象，如白雲仙子。其中嫦娥與西王母的直接抗爭、月宮七公主與豬婆龍的直接抗爭，除了繼承自神話以來居於月宮的月神神格外，月中仙子的性情也有所轉變，不但不再像神話中的自私，而且獨立、勇敢、有同情心，具備人類的七情六慾，人味多於神味。

3. 月中仙子、直接與惡勢力抗爭、間接與惡勢力抗爭

民間故事的月中仙子除 1、2 稱嫦娥，與神話、傳說相同外，其餘兩則並不堅持以嫦娥稱謂，甚至 3 月中仙子不但不是月宮之主，而且人數不只一位，層面廣，主題淡化；神話、傳說和小說裏嫦娥竊藥的主題已不再被當做典故套用，而轉爲對抗惡勢力的角色，賦以新意。其中 2 嫦娥借新月給白雲仙子、

〔註23〕例如明・廖明南在《其殿閣詞林記》云：「洪武八年五月丁丑，上御端門，召翰林詞臣，出示巨桃半核，蓋元內庫所藏物，其長五寸，廣四寸七分，有刻『西王母賜漢武桃』及『宣和殿』十字，命宋濂撰蟠桃核賦。」此賦可見於《四部叢刊・宋學士文集》，賦長七六八字。《西遊記》亦引用「蟠桃會」之事，如第六回寫孫猴王大亂蟠桃會。《鏡花緣》第一回寫西王母瑤池賜芳筵，百花仙子約同百草仙子、百果仙子，和百穀仙子十位仙姑等齊赴蟠桃會，繽紛至極。

〔註24〕西王母在道教信仰中，逐漸成爲女仙中的統領者。唐杜光庭《墉城集仙錄》云：「西王母者，九靈太妙龜山金母也，一號太虛九光龜台金母元君，乃西華之至妙。與東王公……陶鈞萬物矣。……天上天下，三界十方，女子之登仙者、得道者，咸所隸焉。」收於《太平廣記》卷五六，頁 347，台北，文史哲出版社，民國 67 年版。

月宮七公主以銅鏡對抗妖魔等，尤饒趣味。

（二）日月代序型

編號	太陽	月亮	日月關係	住進日月	意願	日月代序之因
5	女	男	夫妻	天災後日月活動失序	自願	夫追妻
6	女	男	情侶	巫師臘亞祈法	被迫	男追女

1. 太陽、月亮、日月代序之因

這兩則故事太陽神都是女性，月神都是男性，與我們的理解相反；但是從日月代序之因便可以了解：原來民間故事想像月追日為夫追妻、男追女，因而把日、月神的性別與神話作一徹底的改寫。編號 6 本來月神是女性，日神是男性，則可知此故事在剛開始流傳時，極可能曾考慮到來自日月神的性別問題，後來才以月亮太冷為由，把月神改為男性。

2. 日月關係、住進日月、意願

編號 5 日月關係由兄妹結為夫妻，明顯自伏羲、女媧交尾之說而來，考古文物裡已有明證，〔註 25〕而兄妹倆以磨磐是否重疊作為天意是否允婚的保證，則與唐李冗《獨異志》記載頗雷同：

> 昔宙宇初開之時，有女媧兄妹二人，在崑崙山，而天下未有人民。
> 議以為夫妻，又自羞恥。兄即與其妹上崑崙山，咒曰：「天若遣我二
> 人為夫妻，而煙悉合；不然，煙散。」於煙即合。其妹即來就兄，
> 乃結草為扇，以障其面。今取時婦執扇，象其事也。〔註 26〕

《古神話選釋》以為，從「結草為扇，以障其面」的記敘看，顯然是封建制度確立已久，婦女處於從屬地位的婚姻關係所表現的情景附加上去的，並非神話原貌，〔註 27〕但是所引川東一帶巫師中伏羲兄妹結婚的唱詞，卻與〈磨盤山與太陽神〉的內容極接近，茲轉述如下：

> 哥哥在梁山修磨子，妹妹還在那檜林行。
> 兩塊那磨子那背到那高山去，兩層那磨子就一齊滾。
> 兩層那磨子合到了，兄妹那就成親得為婚。

〔註 25〕參見《漢代畫像石》頁 115～119，台北，丹青圖書有限公司，民國 75 年 3月台一版。

〔註 26〕轉引自《古神話選釋》頁 45，台北，長安出版社，民國 73 年 6 月再版。

〔註 27〕參見前註書，頁 46。

　　兩層那磨子合不到呵，

　　兄妹那成親就萬呵－不呵－能那呵！〔註28〕

茲以爲兩者可能出於同源。天災後日月活動失序，結爲夫妻的兄妹遂自願到日、月中管理，以造福人羣，則是伏羲女媧神話的增飾。編號 6 被巫師臘亞施法拆散，分別關在日、月兩個星球的情侶，目前找不到自神話而來的演變迹象，然而那一對情侶關進日、月兩個大星球後，雖然喪失自由，仍然相看不厭，則間接說明了日、月的代序關係。

（三）月中陰影型

　　此型十二則之情節單元之圖式如下頁。

　　按照圖之情節單元，可依月中美女式，月中男子式及綜合式分析如下：

甲、月中美女式

　　此式共同的情節單元爲月中仙女、移居月宮之主角、移居月宮之關鍵情節、移居月宮之因。今可一併分析。

　　編號 8、9 的兩則民間故事，顯然是以神話、小說裏后羿射日及嫦娥奔月爲基型，發展而來的結構。其中逢蒙盜藥，促使嫦娥護藥奔月，則襲自逢蒙殺羿之說而加以轉化。此二則的嫦娥性情也與神話中不同，神話中的嫦娥盜藥奔月，完全出於私心，這裏的嫦娥居月宮卻是情勢所迫，不得不然，是賢妻形象。而編號 7 台灣的月中倩影故事，少女傅婀娜被推爲代表，爲全族在豐年祭中祈福，而巧遇殺男友的仇人，在個人恩仇與羣體福祉陷入兩難，只好選擇自盡一途。這個民間故事保留了神話與儀式的互動關係。正如德爾海姆及莫斯的看法：一些沒有文字的部族，常利用神話或儀式把自然包含在他們的社會組織裏；〔註29〕也正由於神話和儀式都符和社會的需要，因此它們往往無視乎個人在特定的社會、特定的時間裏的特定需要，包括下意識或無意識的。少女傅婀娜爲求全族來年豐收而無法復仇，其實正是社會契約下的犧牲品。

〔註28〕　同前註書，頁 49。
〔註29〕　參見克萊德・克拉克洪〈神話與禮儀通論〉，收於陳炳良等譯《神話即文學》
　　　　　頁 69～84，台北，東大圖書公司，民國 79 年 2 月初版。

類型	編號	月中仙女	月中男子	月中動物	月中植物	居住月宮	移居月宮主角	移居月宮配角	移居月宮前之關鍵情節	移居月宮原因
月中美女式	7	傅婀娜				傅婀娜			豐年祭中遇仇人。	羞愧殉情
	8	嫦娥				嫦娥			其夫后羿射日，惹怒天帝。	天帝懲罰
	9	嫦娥				嫦娥			逢蒙盜藥。	護藥奔月
月中男子式	10		叟			叟	魔王遮蔽月光，叟救月。		監視魔王	
綜合式	11		猴子		桃樹	猴子	桃樹		熱心助人，招待神仙。	仙人手繪
	12	月中仙子	小弟		桂樹	月中仙子	小弟	桂樹	惡鬼之血濺樹，小弟被困。	月中仙子營救
	13	仙女們	吳剛		桂樹	吳剛，仙女們	桂樹		吳剛賭輸制龍珠。	仙女所植
	14		富翁石崇	天丹樹			石崇	天丹樹	貪心害人，被樹含住。	未說明
	15	孤女		杞柳		孤女	水桶，杞柳		受後母虐待，挑水時歇息。	月亮營救
	16	尼娥	雅拉	白兔	桂樹	雅拉，尼娥	白兔，桂樹		射月救世	繡錦印月
	17	仙姑們	銅鼓老爹	兔子	桂樹	兔子，仙姑們	銅鼓老爹	桂樹，銅鼓	樂善好施，砌橋傷腳。	喜鵲營救
	18	童養媳			大樹	大樹	童養媳		受婆婆虐待，挑水時發呆。	月亮營救

乙、月中男子式

月中男子式的民間故事只有一則。善射的叟為救月亮奔往月中，怒聲震倒魔王變成的大榕樹。可看出這則故事融合了后羿善射和吳剛伐木兩則故事。那麼既然月中有魔王變成的大榕樹，為什麼不把此則放入綜合式討論呢？因為這棵大榕樹畢竟被叟震倒，沒有復生，故事中又未明示魔居於月中，只說叟在月中監視魔王。我們既不知這監視是就近監視還是預防萬一，因此仍

列入月中男子式。

丙、綜合式

所謂綜合式，指民間故事把神話、傳說以來對月中陰影的解釋融入故事中，呈現繽紛多姿的景象。月中仙女、吳剛、桂樹、白兔等，均為民間故事吸收，再加上其他要素如水桶、銅鼓等，使得月宮裏更熱鬧。今分析如下：

1. 月中仙女、月中男子、月中動物、月中植物

在綜合式裏，月中仙女已經完全沒有嫦娥這個名字了，或者泛稱仙姑、仙女、月中仙子，或者以社會身分——如孤女、童養媳代稱，表現民間故事的普遍性。而且居住在月宮的仙女也不似「碧海青天夜夜心」的嫦娥般孤寂冷清，在編號 13、16、17 的民間故事中，尚隱約可聞月中仙子的朗朗笑語。月中男子除編號 13 是自吳剛伐木演變來外，餘 12、14、16、17 也彷彿帶有傳說的遺跡；但是民間故事裏的月中男子與傳說中吳剛的性格大不相同。16、17 的白兔是自神話一脈相傳而來；11 的猴子為自來神話、傳說及小說中所無，可能與印度神話裏的月中兔有淵源，〔註 30〕故事的傳佈超越種族、地域的限制，於此可得一證。至於月中植物，12、13、16、17 都是桂樹，顯然承自月中有桂的脈絡；即使 14 的天丹樹、18 的大樹，恐也難脫關係；11 的桃樹，則是月中有桂的傳說加上猴子摘桃的屬性以應用的結果。

2. 原住月宮、移居月宮之主角、移居月宮之配角

從原住月宮的月中仙子、吳剛、大樹，可看出民間故事有意或無意保留神話、傳說的精萃部份，以之為基礎，而移居月宮者則為民間故事加以創新、摹寫的素材。編號 14 把石崇塑造成為富不仁的形象，最後被天丹樹含住，得到報應，不知道與古典文學裡石崇、綠珠的故事是否有傳承轉化關係？編號 12 小弟以智慧和惡鬼交戰，刺死惡鬼，為媽媽和哥哥復仇的故事，與台灣民間故事〈虎姑婆〉十分類似，只是主角性別改易，結局稍作更動，而主要情節則一；故事傳佈超越種族、地域限制，呈現合流、交感狀況，此又為一證。15、18 則最具創意，把社會地位卑微的苦命女子帶入月宮，連隨身的水桶也一併送入月中陪伴，在一定程度上反映民間故事的包容性。而最溫馨的一則莫過於銅鼓老爹上月宮的故事。銅鼓老爹的形象，不但由吳剛的英姿勃發轉為藹藹老者，而且附加的移居月宮配角－銅鼓也為其他民間故事所無。

〔註30〕參見第二章註53。

3. 移居月宮主角、移居月宮前之關鍵情節、移居月宮原因

編號 12、15、17、18 詮釋凡夫俗子移居月宮原因，均爲在人世受苦難後被營救入月宮。15、18 月亮可憐女子受虐待，因而送入月宮，這月亮已經人格化，與原本冷漠無知的星體有別，但是在人格化以後，還能做爲可居住的星球，其中的矛盾是這兩則民間故事在吸收其他民間故事、傳說爲養料時的疏忽，也是創發。並且這兩則故事在敘述主角上月宮前的關鍵情節時，都不約而同地把「挑水歇息」作爲一個轉折。編號 16 尼娥、雅拉夫婦射月救世、綉錦印月之說，似乎和十日並出、后羿射日有著內容上的相似，而編號 13 吳剛賭輸制龍珠，仙女們憤而擲球爲樹，令吳剛伐樹之說，則自吳剛伐桂轉化，茲不贅述。

第二節　受啓發之基因及故事功能

一、受啓發之基因

洪淑苓《牛郎織女研究》曾修正曾永義〈從西施到梁祝〉一文中提出的四條民間故事孳乳線索，做爲研討牛郎織女故事展延的憑依，〔註31〕今以之爲基礎，並考慮月宮故事特性，分析啓發有關月宮民間故事的基因如下：

（一）地域色彩之啟發

所謂地域色彩，指「即景取譬」。曾永義認爲：

> 中國幅員廣大，古代交通不便，自然因山川風俗而形成地方性色彩。民間故事到處傳佈，流至一地，也自然會多少加入該地的特色。譬如廣西有被除的風俗，故孟姜女會在六月中下蓮塘洗澡。靜海有織黃袍的女工，故孟姜女會織就了精工的黃袍而獻與始皇。江浙間盛行著厭勝的傳說，故萬喜良可以抵代一萬個築城工人的生命。〔註32〕

地域色彩啓發了四則與地方風物有關的月宮故事，其中關於敦煌的就有兩則。敦煌乃絲路正門，爲古代通往西域、中亞細亞的要道，不僅絲織品、麻

〔註31〕參見洪淑苓《牛郎織女研究》頁 145～149，台北，學生書局，民國 77 年 10 月初版。

〔註32〕見曾氏〈從西施到梁祝〉頁 172，收於陳鵬翔主編《主題學研究論文集》，台北，東大圖書公司，民國 72 年 11 月初版。

製品、漆、鐵器等手工業製品透過敦煌，從西域傳到西亞、歐洲；同時西域、大宛等傳來的葡萄、石榴、核桃、苜蓿、胡瓜等物產，也由敦煌運往內陸，因此有桃槐國王送瓜的故事。案春秋時代，敦煌稱爲瓜州，在此之前，已有羌戎住在該地。戰國時代，月氏滅戎，據瓜州，成爲東西交易的媒介，後來改稱沙州，瓜州與沙州之說由此而來。從敦煌南行十里便是鳴沙山千佛洞。鳴沙山主要由砂磧岩積成，山下一條清溪，環繞著山的東、西、南三面。鳴沙山下，沙漠之中，有一月牙泉，因形如月牙而得名。此泉在沙山環抱中，雖大風揚沙，但始終深冽瑩澈，池水久雨不溢，天旱不涸。白雲仙子借月亮爲法器，化爲月牙泉之說應由此而來。月牙泉四面的沙山，其沙有五色，陽光照射下，放出異樣光彩，與碧波相輝映，而且沙鳴之聲如雷。神沙大仙與白雲仙子道觀相對，應由此而來。

至於洱海觀月，是大理的一景。洱海觀月多在月滿時，據說泛舟邀遊於洱海之上，宛如廣寒宮中，因此月宮七公主的故事與洱海相關。而洱海中也有觀音降龍的傳說，月宮七公主與豬婆龍等的對峙關係，大約由此衍化。點蒼山陽溪有羅剎洞。羅剎即邪龍，觀音收伏邪龍後，閉龍於此洞中。

而貴州〈月光鞭〉故事，筆者臆測可能與苗人跳月求婚風俗有關，但是目前資料不足，有待後續研究。凡此四則，「即景取譬」的地方性色彩相當濃厚，民間故事的率性任眞也由此顯現。

（二）文學間的感染與合流

曾永義對「文學間的感染與合流」詮釋爲：

> 對於民間故事的歌詠或描述，有些彼此之間本來是不相干的，但由於蛛絲馬迹的類似，便可以連類相及，逐漸感染而終致合流。〔註33〕

洪淑苓對此中的「連類相及」，作了進一步的闡發：

> 所謂「連類相及」，可概分爲兩種情形，一種是由於故事的情節要素個別的類似相關，而促成故事的感染合流；另一種則是由於故事的內容結構之相似，而促成故事的感染合流。〔註34〕

此之「文學間的感染與合流」指上述第二種：「由故事內容結構之相似，而促成故事的感染合流」，與原來曾氏的定義已有廣狹之別。

以月宮故事而言，〈磨盤山和太陽神〉和洪水神話、伏羲女媧神話有合流

〔註33〕同註32，頁172。
〔註34〕見註31洪淑苓書，頁148。

現象，前已論及，茲不贅述。又如〈天帝懲罰〉、〈逢蒙盜藥〉與嫦娥神話在內容結構上顯係同源。〈九月中桂〉、〈救月亮〉等，以吳剛伐桂爲主要內容。此外，〈月桂〉與〈虎姑婆〉、〈月亮裏面的猴子〉與印度神話皆似有感染合流現象。這現象同時說明故事的傳佈常超越時空限制，如果要探得故事全貌，單單侷限於本土文化對視野有所妨礙。

（三）類比聯想之啟發

第二章曾經說過，神話思維所遵循的基本邏輯規則是類比，「顧菟在腹」之所以解讀爲月中之兔、月中蟾蜍，都是古人對月之盈虧、月中陰陽這個問題情境所作的類比聯想。按照斯賓格勒的看法，人類只有對他能夠加以解釋的事物才不會感到恐懼，重要的不是解釋與客觀存在相符的程度，而是解釋本身。〔註35〕因此初民的類比推理除了解決問題情境以外，應該還有消除焦慮的作用。但是最遲在蔣驥時，已對月中陰影有明確解說，〔註36〕那麼民間故事對月中陰影的類比聯想，應該不只是爲了解決問題情境，更是對這種自神話而來的思維方式的應用。神話思維的自我中心類比及擬人化傾向雖然被排除在「智慧」之外，卻頑強地保存在口傳文學中，成爲指向美的自由想像之路。月中陰影型的十二則民間故事裏，類比的應用隨處可見。可知理性的抽象發展雖對感官和想像取得了壓倒性的勝利，但是畢竟不能完全取代感覺、情感和幻想，它們只是在認知方面失去權威，並非從根本喪失存在的能力，相反地，它們暫時敗北同時也意味著東山再起的一天。而這種類比思維，在民間故事裏便受到了眷顧。〔註37〕

（四）民族情感之啟發

所謂民族情感，曾永義認爲：

〔註35〕參見俞建章、葉舒憲《符號：語言與藝術》頁123引文，上海人民出版社，1988年4月1日版。

〔註36〕見第二章註34。

〔註37〕民俗學的其它範疇也多見類比的運用，如歌謠、故事歌、諺語、謎語等。例如台灣童謠〈木虱〉：「木虱要嫁家蚤夫，要抓蚊仔做媒人。虱母搖手喊不可，家蚤不是妥當人。牛蜱大隻兼厚重，嫁伊才會親像人。」便是由虱、蚤和牛蜱的外表類似而發的吟詠。又如諺語裏的「乞食神，孝男面，早睏晏驚神」便是由乞丐的落拓閒散聯想人的好吃懶做，譏人又嗇又哭喪著臉。見吳瀛濤《台灣諺語》頁337及36，台北，台灣英文出版社，民國75年11月七版。

> 民族情感是指人們潛在心靈的自然抒發，由於同情，可以棄瑕錄瑜，
> 可以感歎寄託；由於悲憫，可以化不可能為可能，可以驚天地而泣
> 鬼神。民間故事的鮮活感人，這是一個重要因素。〔註38〕

同情和悲憫是民族情感的兩大要素，用儒家的話來說，便是「如得其情，則
哀矜而勿喜」。再由於人情總是善善惡惡，對於惡人當道、趾高氣昂，沒有不
深惡痛絕；對於善人遭難、悲慘下場，沒有不感同身受，深致悲憫。民間故
事在這方面等於淘洗人間渣滓污穢的清涼劑。好心的猴子和聰明的弟弟因而
上了月宮；壞心的石崇因而卡在天丹樹間，不得善終；而飽受凌虐的孤女和
童養媳，則由月亮迎往月宮，做為在人世間受苦難的補償；至於樂善好施的
銅鼓老爹，便由喜鵲為媒，擁向月宮，超脫苦海。這些結局的安排，都體現
中國人文精神裡「天地之大德曰生」的圓融。弔詭的是為富不仁的石崇和其
他好人的結局都一樣，然而一作為懲罰，一作為慰安或犒賞，故事裡未曾給
讀者一個明白的交代。也許筆者可以嘗試補充：富翁石崇雖然移往月宮，表
面看似乎是由肉返靈，但是對視財如命、六根不淨的石崇而言，長往月宮卻
是嚴懲，而且他被樹根含住，不得自由，即使月中有如何的景色，他也無法
瀏覽。其他人便不同，他們有的在世上行善積德，有的在凡間受盡磨難，又
有共同的一點：在世上沒有人情牽絆，因此到月宮裡等於是報償。

（五）神話傳說之啟發

　　月宮故事由神話、傳說、小說到民間故事，各階段有相互承接的線索。
小說承繼神話傳說的部分，在上一章已有論述，今就神話裏含藏的最初基因
如何觸發民間故事的展延論述。

1. 嫦娥神話之啟發

　　嫦娥神話是月宮神話的主流，白兔、蟾蜍等月宮神話，均以嫦娥神話為
中心，匯為大觀。嫦娥神話裏的飛翔原型和樂園原型，啟發了民間故事的情
節進展，而嫦娥之為月神的神格，則啟發民間故事裏各式月宮仙子，成為典
型人物。上述十八則民間故事中，除日月代序型的二則以男性為月神外，餘
凡提到司月主神的大抵為女性，這即是嫦娥月神神格對民間故事的推動。至
於飛翔原型，在編號 12、15、16、17、18 的故事中得到轉化，樂園原型則見
於 13、16、17 三則民間故事。

〔註38〕同註8。

2. 吳剛傳說之啟發

吳剛傳說最早見於段成式《酉陽雜俎・天咫》：

> 舊言月中有桂，有蟾蜍。故異書言：月桂高五百丈，下有一人，常
> 斫之，樹創隨合。人姓吳名剛，學仙有過，謫令伐樹。〔註39〕

這「學仙有過」的吳剛，到了民間故事裏轉化成武藝高強的神箭手和游手好閒的御龍使者，而桂樹則化爲桃樹、杞柳、榕樹和天丹樹。我們發現月桂這個情節單元，在民間故事裏的運用比吳剛廣泛，這是因月桂傳說並不是依附於吳剛傳說發展的，它自有其發展系統。

古人認爲桂花是從月中傳下凡間的，桂樹是樹中之寶。《說文》：「桂，江南木，百藥之長。」相傳食桂花能成仙。《神仙傳》：「離婁公服竹汁，餌桂得仙。」《藝文類聚》卷八九〈桂〉條：「闇河之北，有紫桂成林，羣仙餌焉。」韓終〈采藥詩〉曰：「雜河之桂，實大如粟，得而食之，後天而老。」而古代詩人也每每歌詠從月中傳下來的桂樹。如梁・庾肩吾〈詠桂樹〉詩：「新叢入望苑，舊幹別屬城，倩視全移處，何如月裡生。」說明桂樹、月亮、成仙與不死連爲一紐帶。然而民間故事只應用了月中有桂的傳說，未將月桂與不死相連。

3. 唐明皇遊月宮之啟發

與唐玄宗有關的月宮傳說，以遊月宮最著。玄宗可謂以凡人肉軀到達月宮的第一人，其傳說在典冊中各有不同記載，後章將述及，今僅舉《唐逸史》所載爲例：

> 羅公遠，鄂州人，開元中中秋夜，侍明皇於宮中玩月。公遠曰：「陛
> 下莫要至月中看否？」乃取拄杖向空擲之，化爲大橋，其色如銀，
> 請明皇同登。約行數十里，精光奪目，寒氣侵人，遂至大城闕。
> 公遠曰：「此月宮也。」見仙女數百，皆素練寬衣，舞於廣庭。明
> 皇問曰：「此何曲也？」曰：「霓裳羽衣曲也。」明皇密記其聲調，
> 遂回，卻顧其橋，隨歲而滅。旦召伶官，依其聲作霓裳羽衣之曲。
> 〔註40〕

明皇開了凡人遊月宮之先例，給民間故事更多民由發揮的空間，民間故事裏升斗小民能上月宮，應該受到它的啓示。

〔註39〕參見《歲時習俗資料彙編》冊二六，頁 2861、2851、2850。台北，藝文印書館。

〔註40〕前揭書頁 2861。

二、故事功能

此之「功能」，是指以月宮故事為符碼，透過以口耳為媒介，對廣大閱聽人所造成的結果。如果以媒介的角度來看就是「效果」，如果以社會角度或閱聽人的角度來說則是「功能」了。另一方面說來，「效果」偏重媒介活動所造成的最後結果，而「功能」則重視過程所產生的影響。

有的學者把社會系統中的參與者所企求或寄望的社會功能，稱為顯性功能；而凡是社會系統的參與者所不瞭解或未企求，但仍然存在於社會者，統統稱為隱性功能。〔註41〕大眾傳播研究者拉斯威爾探討大眾傳播媒介對整個社會的功能，認為大眾傳播有偵察環境、協調反應、傳衍經驗等功能。它是環境的瞭望者、政策的塑造者、知識的傳授者，也是精神的調劑者。〔註42〕宣偉伯將之轉化以解釋大眾傳播對個人的功能有五：守望人的功能、決策的功能、教師的功能、娛樂的功能和商業的功能。〔註43〕

此擬由社會及傳播兩個角度著眼，分述月宮故事之功能。

（一）禮儀功能

在討論過神話和民間故事的基因觸發關係後，我們注意到蒐集的月宮故事中較特殊的一篇：〈月亮裡的倩影〉。這篇是以少女傅婀娜在豐年祭中的犧牲，做為月中陰影的解釋。豐年祭既為儀式，此則又為民間故事，使我們容易想到儀式、神話、民間故事三者之間存在著如何的互動關係，以致使民間故事透過祭儀展現不同面貌？

首先必須面對的是神話和儀式的依存問題。〈神話與禮儀通論〉認為：

> 神話與儀式之間有著強烈的傾向去尋求一種相互依賴的關係，而根
> 據現有的資料顯示，這種關係決定於神話及儀式表現的不變作用：
> 那就是使一個社會大部分人所得的滿足感。〔註44〕

也這我們可以這麼說：神話是語言上的象徵系統，儀式則是物件及行為的象徵系統。它們都是解答問題情境的象徵過程，因此二者互相依存。換言之，二者不能決定哪一個占主導位置，有些情況是神話驗證了儀式，有些情形是

〔註41〕參見陳秉璋《社會學方法論》頁122，台北，環球書局，民國70年9月初版。
〔註42〕參見李茂政《大眾傳播新論》頁329～330，台北，三民書局，民國75年9月再版。
〔註43〕同前註。
〔註44〕同註22。

神話帶來了新的儀式。

以〈月亮裡的倩影〉來說，應該是神話驗證了儀式。豐年祭對於山胞而言，是來年豐收的保證，是一種由於人類的無知形成的組織性行為。山胞們參與豐年祭自然是有條件的，那就是希望在祭儀中取得報酬，因而他們允許祭儀經驗的重複，這種重複往往把一些社會需要通過戲劇化的手法表現出來。因此傅婀娜在象徵社會遺產的豐年祭裡巧遇仇人時，只有犧牲以求愛情和禮儀的兩全。

這則民間故事透過場景和動作暗示禮儀概念。例如祭禮中的舞蹈、傅婀娜與情人的私通、投水前著魔似的自言自語、乍見仇人時的催眠性迷惑、花朵代表的豐歉意義等等，都為民間故事的禮儀功能下了註腳。

（二）瞭望功能

譚達先在《中國民間文學概論》裏說過：

> 一切優秀的民間文學作品，都能真實而生動地反映某個時期的社會現實，和下層社會的純正樸實。這種作品，一經口頭傳播開去，接受者就會對客觀事物和正確道理有所認識，如果反覆地接受這類作品，就會使這種認識有所加深，而他的健康的思想感情，也逐漸得到培養。〔註45〕

譚達先稱之為「民間文學指導人民羣眾的生活的間接作用」。此所謂月宮故事的瞭望功能，便是指作品反映社會現實而言；所不同的，譚氏認為這種反映的層面重在下層社會，效果真實而生動，筆者則認為接收民間故事的第一對象偏於下層社會而不限於下層社會，只是由於第一收訊站在下層社會，收訊者在以口頭傳播民間故事時，不免依預存立場，對故事進行過濾、選擇或增飾，以滿足自己的要求。如此一來，故事往往是片面真實的提供，做不到完全的客觀、中立。

傳播學有「鏡子理論」，該理論認為世界是什麼，就報導什麼，而且事件本身足以決定新聞內容，新聞機構不過像一面鏡子，反映現實而已。〔註46〕如果以「鏡子理論」詮釋故事的瞭望功能，那麼我們應該說，傳播媒介—民眾的口耳—是一面哈哈鏡，它雖將現實透過鏡子呈現出來，然而已經經過詮釋者智慧的燭照—從另一方面說，是一定程度的扭曲—，因此與現實仍有一段距離。

〔註45〕見譚達先《中國民間文學概論》頁186，台北，木鐸出版社，民國72年9月初版。

〔註46〕參見註42所揭書，頁331。

最明顯的例子是編號 14、15、18 三則月宮事件。15、18 兩則，完全站在弱勢者－孤女和童養媳的立場，說她們如何被虐待、如何無依，對於她們周遭的環境和人物都以負面角度觀照。我們前面提過這是民族情感觸發的結果，基於同情、憐憫而給她們照拂，讓她們登上月宮以爲報償；可是反過來說，便是對強勢者的敵意和不公平，完全沒有考慮到他們的心境及可憫處。富翁石崇之所以被塑造成十惡不作的壞人，不得善終，也是這個緣故。此外，從編號 2、3、4、8、9、12 幾則故事裡，不難發現故事在善善惡惡之時，常常把好人、壞人兩極化，與一般人性差距甚遠，這便是筆者所謂的片面眞實、一定程度的扭曲。當然我們仍需承認，故事以積極、樂觀的態度，質問社會不平，教育人們：即使山窮水盡，仍有柳絲花朵，使人們轉而抉擇積極、樂觀的生命情調。

（三）昇華功能

就民間故事的廣大閱聽者而言，收訊的目的無非是提供豆棚下的閒話，以娛樂、欣賞爲主求。然而在故事的潛移默化中，不知不覺也達到了情感的昇華、淨化。這種淨化和亞理斯多德說的淨化不同。亞理斯多德說的「淨化」，是指通過觀賞藝術－例如悲劇，使人心中某種過分強烈的情緒－例如哀憐和恐懼－獲得宣洩，從而導致心境的平靜，保持心理的健康；而這裏所謂的淨化則指一種道德似的昇華，可以改變閱聽人的精神面貌，造成如同金聖歎評阮小七的描寫「使人對之，齷齪消盡」。〔註47〕

例如〈銅鼓老爹〉這一則故事，敘述銅鼓老爹一腔熱血，每天黃昏說故事攢錢，作爲造橋費用，令人深愧虛生世上，不曾爲人出力。〈借月亮〉敘述白雲仙子化淚爲池、〈綉錦印月〉敘述雅拉夫婦急功好義，令人油油然有好善之心。月宮故事偷去閱聽人對自己的愛，再以昇華的情感還給閱聽人。

從了角色性格、行爲導致我們昇華外，閱聽人的神入能力也與昇華功能有互動關係。神入就是情緒感染，當事人並不一定要了解對方的遭遇。〔註48〕「子非魚，安知魚之樂」相對於神入顯得理智而超然，但是閱聽人做爲故事的參與者而不是批評者，這份理智和超然卻是多餘。〔註49〕例如當我們聽到

〔註47〕　參見葉朗《中國小說美學》頁 84，台北，里仁書局，民國 76 年 6 月版。

〔註48〕　江琪認爲：「神入就是正確地設想他人的感受、處境及原因，而本身不一定需要有相同的經歷或感受。」見汪著《文化與傳播》頁 157，政治大學新聞研究所，民國 71 年 4 月初版。

〔註49〕　朱元潛《文藝心理學》中的「移情作用」與此處「神入」類似，所謂「移情作用」，朱光潛解釋爲：「在凝神觀照中，物我兩忘而同一，於是我的情趣和

〈太陽和月亮〉時，雖然沒有身歷其境，卻無法不對那一對被迫害的情侶賦予關心；聽到孤女和童養媳的故事時，也常會易地而處，爲她們一掬同情之淚。神入的程度尤其決定於經驗的類似或故事的創意。一個故事的情節若是千篇一律的典故套用，閱聽人在聽到高潮時，便容易猜到結局，而同樣的刺激進行多次後，便難期待與第一次刺激時相同的反應；除非閱聽人有和故事主角類似的遭遇，使他在聽故事時總是聯想到自己，而得到安慰，產生反省與自覺。從人的意識內部去挖掘，故事常呈現與外在世界同樣廣大的心理世界，形成昇華功能。有關月中陰影、日月代序、地方風物的種種說法，也不只是對於彼岸的臆測，更是此岸親切深刻的體驗。

（四）教導功能

月宮故事的另一項功能是教導，把已經建立的文化傳統，運用類比的思維方式，傳衍給社會新參加的分子。如果從純方法學的觀點著眼，我們要建立任何一項經驗科學的原理，首先必須以現象世界的某種基料爲起點，經過抽象、歸納、量化的手續以後，才能夠構築完成某種普遍的原則，這樣的原則再通過與現象世界徵驗的手續，才可以得到共識，而後人們得以藉此預料事象，表現知識的力量。〔註50〕如此一來，臆說月亮之謎的月宮故事便無意義，而我們也正像存在主義者所說；自有生之日起便被投擲入這一現象世界，卻又妄想跳出現象世界的侷限去管窺大化之源，以致無可避免地陷入二律背反的兩難境況，此所以康德才明白地宣稱：在純粹理性的範圍之內，沒有建造形上學的可能。〔註51〕但是人們雖然不一定能夠求得純粹客觀的眞理，卻可以求得某種「共同主觀」的眞理。例如我們雖然早已知道月中陰影並不如想像世界裏的奇妙，但是有關月中陰影的各種臆說，仍然不因此而消減；我們也知道花溪、月牙泉的各種地方風物故事不過是附會，然而它們仍然流傳。這是因爲這些民間故事已成爲文化傳統的一部分，也是新加入爲此社會一分子的必修課程。

物的姿態往復迴流。」但是相較之下，朱氏的解釋偏於美學層面，文中卻又舉佛拉因斐兒司「分享者」和「旁觀者」兩種審美觀，及尼采「達奧尼司式」和「阿波羅式」兩種藝術，說明美感態度不一定帶移情作用。此所謂「神入」，偏於物我合一的觀照。參見朱著《文藝心理學》頁34～54，台北，台灣開明書店，民國70年12月版。

〔註50〕參見劉述先《新時代哲學的信念與方法》頁93，台北，商務印書館，民國69年初版。

〔註51〕參見牟宗三《純粹理性批判》，頁1～52，台北，學生書局，民國73年2月版。

　　至於月宮故事教導的事實與客觀事實之間的差異，茲以爲可以作如下詮釋：

　　1. 在客觀世界中，「事實」完全獨立於人的觀念而存在，但是在人文的世界中，「事實」的樞紐完全繫於人們的觀念上。在人文的世界中，「事實」不只是存在，而且是歷程，它既可以由無而有，也可以由有而無，其變化一方面誠然要遵守物理的法則，而在另一方面卻表現更多的彈性。例如銅鼓老爹的一片赤誠竟然感動月裏的眾仙，風、雲、月亮仙子和喜鵲都來幫他造橋，最後簇擁受傷的老爹進入月宮，這樣的故事，不僅是出於原始類比的思維方式，更指證人生層面的眞實。所以，不僅人生的事實處處取決於人類選取的意義網絡與理想，反過來，意義系絡與理想也是人生眞實的一個層面。〔註52〕

　　2. 月亮盈虧變化的法則儘管從開天闢地就恆存，但是對於不能領略的初民來說，卻毫無意義，所以他們必需選擇一個對他們足以造成意義的解釋，正如當現代人沉溺於科學時，不能領略初民用類比方式教導的意義網絡，只能滿足於齊一、量化的自然次序一般。因而容易忽略月宮故事的教導功能。

　　3. 既然月宮故事是經過無數代口耳相傳所構成的自然世界的意義網絡，那麼在我們了解民間故事的主觀系絡和科學世界的客觀網絡後，究竟要選擇何者以相應於怎麼樣的眞實呢？根據「補償定律」，〔註53〕當我們選擇一方面的價值時，其他方面必相對減弱。例如如果我們決定要成爲傑出的科學家，那麼有關月亮盈虧的科學意義自然逐漸在我們面前明白展現，然而由於選擇的注意力的影響，月宮故事神祕浪漫的眞實便向我們關閉了；反過來說也是如此。弔詭的是：人或文化又不得不做一定的選取，以相應於某種眞實。這種牽涉到價值判斷的問題，只有讓愛好科學者選擇科學教導，愛好人文者選擇人文教導，而一般沒有深切執著的人，則嘗試通過自覺的努力，在月亮盈虧的各種意義網絡中做一種合理的安排，以建立卡西勒所謂「透過主觀的客觀性」，〔註54〕把月宮故事由「習焉不察」的狀態提昇爲自覺的、生命的體驗，當作歷史文化的遺產，傳給下一代。〔註55〕

〔註52〕同註50所揭書，頁106。
〔註53〕參見前揭書，頁110。
〔註54〕參見前揭書，頁115。
〔註55〕心理學家康垂兒（Hadley Cantril）曾以三位棒球裁判的話，來分析語意學內涵。甲裁判說：「有的是好球，有的是壞球，我依球之好壞而判。」乙裁判說：「有的是好球，有的是壞球，我依我之所見而判。」丙裁判說：「有的是好球，有的是壞球，在我判定之前，它們既非好球，亦非壞球。」這三個例子中，裁判甲頗隱含著意義的象徵性理論，他只是實際描述或紀錄

第三節　月宮故事流傳中之量變與質變

譚達先在談到民間文學的變異性時，曾說：

> 歌謠、故事、……等等，不管是什麼藝術形式，只要在下層羣眾中
> 一流傳，就會產生變異，從語言、表現手法、人物形象，有時甚至
> 包括主題在內，都會發生變化。往往是首先漸起量變，最後終至於
> 到質變。〔註56〕

而變異的原因則有二：

> 第一種原因是由於民間文學以活的口語為創作、傳播的工具。……
> 第二種原因是由於民間文學是人民大眾共同享有的，不像專業作家
> 那樣講求「版權所有」，它最便於講唱人聯繫當時當地特定的聽者的
> 生活、環境、風尚、藝術情趣等進行改動。〔註57〕

由於變異的結果，同一主題的作品便產生了許多大同小異的作品，屬於民間
文學的民間故事也有此特性。這個特性是民間故事繁衍、再生的原動力，也
使得我們在研究民間故事時，往往有意想不到的結果。〔註58〕而從量變到質
變，則是月宮故事由神話、傳說、小說到民間故事的長期流傳過程中，產生
的重要變異。

一、流傳中的量變

民間故事流傳過程中量的增加多謂之量變。以月宮故事為例，情節和角
色的增多，是從神話、傳說、小說到民間故事的流衍過程裡最顯著的現象，

球之好壞：裁判乙似是指意義的經驗理論，他深信球有好壞，但是他也承
認，球的好壞與裁判員之觀察或感官經驗有關：至丙裁判則為具體而微的
使用意義理論，他認為球並無所謂好壞，球之所以成為好球或壞球，完全
是球從投手手中飛出之後，透過裁判行為加以解釋的。其中丙裁判的使用
意義理論，與現象世界各種對月亮晦盈詮釋的意義系絡類似。參見李茂政
《人類傳播行為大系通論》，頁 106，台北，美國教育出版社，民國 77 年
10 月初版。

〔註56〕見譚達先《中國民間文學概論》頁38，台北，木鐸出版社，民國72年9月初版。

〔註57〕前揭書頁38～39。

〔註58〕從另一方面來看，這種「變異性」因為表現民間故事廣大的包容力和可變化
的彈性，所以又可稱為「和合性」，即婁子匡所謂「不堅持某一個觀念或某一
種傾向，不約束什麼，也不排斥什麼，只依著社會生活的謠俗、民間傳承的
進程，順乎自然的推移，達到了和合的境界。」見婁子匡、朱介凡編著《五
十年來的中國俗文學》頁4～5，台北，正中書局，民國52年版。

前面逐章討論神話、小說裏的月宮故事時，已略為提及。今以圖式詳加分析，以便檢覽。

（一）角色稱謂變異

月宮故事傳承過程中的角色變異如下圖：〔註59〕

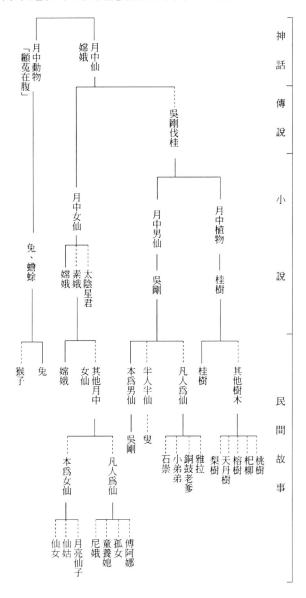

所示之樹形圖中,實線表示承自前一、二個敘事體的角色,虛線表示此敘事體增加、創發的角色。可發現由神話到民間故事的流程中,嫦娥一直居於主導地位,傳說中人數增多,小說中則名稱及人數都增多,而對嫦娥本身的描繪也更仔細,若參照第三章后羿嫦娥型小說情節單元圖示,可知嫦娥身分及與后羿結婚等方面,都有超越神話、傳說的解釋,至民間故事又增加了其他月中女仙及凡人為仙的描述。傳說加入的角色:吳剛及桂樹,小說完全承繼而少創意,到民間故事則分別由其他角色轉化。倒是神話的「顧菟在腹」,角色有變少的跡象,由「顧菟在腹」的三種解釋─兔、虎、蟾蜍,到了傳說竟消聲匿迹,小說出現兔子和蟾除,已少了虎,民間故事裏則只剩兔子和猴子,是較特別的現象。

(二)情節變異

月宮故事的情節變異,主要集中在自神話而來的嫦娥奔月,及自傳說而來的吳剛伐木。傳說的明皇遊月宮,則可視為嫦娥奔月情節的一個演化,至於月兔、月蟾搗藥,在整個月宮故事的情節流衍中變化甚少,故不擬列表。下圖實線表示原有的情節,虛線表示增加、變衍的情節。

最明顯的量變,仍集中於嫦娥奔月及吳剛伐桂兩條主線。即便是對於同一情節,在不同敘事文體裏也有量變的傾向。例如嫦娥奔月的原因,從神話過渡到小說時,增加了四個,再過渡到民間故事,則轉化為護藥及天帝懲罰兩種,一增飾一刪減;而吳剛伐木的動機,由學仙有過到造月宮,到賭輸制龍珠被罰,則較傾向於質變。

二、流傳中之質變

量變帶動質變,不單是譚達先的見解,記號學者洛德曼也有類似看法。〔註60〕如果我們也把整個月宮故事的傳衍流程看成一個資訊網路,那麼閱聽人還原符碼時,對符碼產生的變衍作用,便是故事產生變異的要素了;尤其如果閱聽人同時也是發訊者的話。討論月宮故事的質變,可分兩大部分:一是從外延意義探析作品由量變到質變的現象,一是從內涵意義尋索質變本身

〔註60〕洛德曼以為「詩篇」的系統仍是一複雜的系統,其中包含著許多次系統,互為對待,互為聯接,其資訊之容量度因而比其他的資訊交流系統高出甚多,可謂已由量之改變轉為質之改變。見古添洪《記號詩學》頁123～124,台北,東大圖書公司,民國73年7月初版。

指涉的層面。〔註61〕

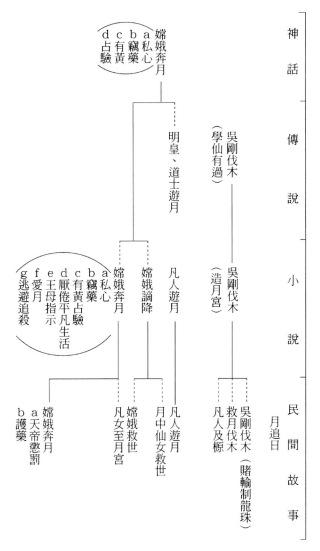

（一）外延的質變

1. 主要角色性情變異

月宮故事角色稱謂的量變，帶來性情的質變。茲舉嫦娥、吳剛在流衍中

〔註61〕李茂政以為：語言符號的意義主要分為兩層，一個是外延意義，一個是內涵意義，符號的外延意義是指符號透過概念，與客體的代表性關係，而內涵意義是指符號與概念之間的評價性關係。一個字詞的外延意義是它的客觀意義；一個字詞的內涵意義是它主觀上的定義。參見李著《人類傳播行為大系通論》頁96～100，台北，美國教育出版社，民國77年10月初版。

性情的變異為例：（見下表）

下表按照流傳過程，考察作品裏主要角色性情演變。如果有類似或相對的性情，則以上下對照。括號表示神話、傳說、小說所無，而為民間故事創發的性情。

嫦　娥　性　情		
神　話	小　　　說	民　間　故　事
忍情自私	忍情，自私，依賴、獨立、孤僻、好靜，欺詐，不安，剛烈正義，愛慕虛榮，水性楊花，矯情造作	（富同情心），（熱心），獨立，（合羣、溫順），聰明，（愉悅），勇敢正義，（平實），（愛情忠貞），（逆來順受）
吳　剛　性　情		
傳　說	小　　　說	民　間　故　事
不明確	守分	無奈，（熱心），（正義），（聰明機伶），（壞心），（驕傲），（游手好閒）

2. 主題變異

前面數章的探析中，對月宮故事在神話、小說中的主題均曾論及，此不贅言。至於傳說裏月宮故事的主題，則以吳剛伐桂、唐明皇遊月宮，及文人道士的遊月摘月為主，較外於月宮故事主流－奔月主題。下章將詳述。

3. 時空背景變異

時空背景的改變，是指故事作者或傳播者有意無意地把所屬時空的特色加諸於故事中的角色，而使得月宮故事沾染不同的時空色彩。這角色可能是前有所承，如《女仙外史》的嫦娥；也可能是傳播者的原創，如民間故事的銅鼓老爹。空間背景的變異，則在地方風物型民間故事中表現最顯著，地域色彩濃厚。

4. 形式變異

譚達先曾以謠諺為主，就表現手法、語言和風格三方面探討民間文學的藝術特點。〔註 62〕今擷取其中有關語言特色及風格特色的討論，探析月宮故事形式變異。

（1）語言特色變異

謝選駿以為中國古籍神話傳說之敘事語言有如下基本特徵：

〔註62〕參見註 56 譚書，頁 119～186。

1. 神話材料零碎，敘述語言十分簡略。

2. 敘事的零散性突出表現在：缺代前因後果的條貫，因而只有片段而沒有敘事的系列。

3. 神名多變，同一角色在不同記述中表現不一。〔註63〕

零碎、簡略、片段，正是月宮神話的語言特色，而小說中月宮故事語言特色，則繁複華麗，離口語遠。民間故事的語言又不同，它乾淨俐落，單純流暢，質而不俚，素樸平易。凡此都是我們閱讀作品時，不必費力就可以發現的質變。

（2）風格變異

神話由於敘事語言的零碎、簡略、片段等特色，顯現混沌不明的風格；傳說中遊月、摘月等故事，透露詭異神秘特色；小說中的月宮故事，則由不同作者展現各種丰姿。民間故事則淳樸平實，而且與小說相較之下更顯得明朗清新。

（二）內延的質變

內延的質變是由外延的質變看出來的。從主題、主要角色性情、時空背景、語言特色及風格諸方面的變異，可以得到以下幾點：

1. 故事內容無限的衍義

前面幾章曾數次以傳播觀點詮釋月宮故事流傳過程中，由閱聽人還原符碼所產生的變衍。其實這個還原、變衍可以廣延到整個月宮故事的流程，也是質變及量變的主因。記號學先驅瑟許的表義二軸說，可以作為理論上的又一支持，〔註64〕由於閱聽人或詮釋者的不斷聯想，使得月宮故事在量方面有情節增多轉化、角色名稱增多轉化的現象，在質方面就是角色性格的變異了。如此也使得故事不斷有新基因可以再觸發。

〔註63〕 參見謝選駿〈中國漢籍上古神話傳說的敘事特徵〉，收於袁珂主編《中國神話》第一集，頁286～295，中國民間文藝出版社，1987年6月一版。

〔註64〕 瑟許認為語言的表義過程有賴於兩條軸的作用，即毗鄰軸與聯想軸。毗鄰軸即是講出來的有效的一串語音，是由水平連續性所支持。但是語義之表出不僅賴於這實在出現的軸，尚得依賴那隱藏著的聯想軸，才能全面。要了解一個字詞的全面意義，除了在毗鄰軸中尋找與其他字詞的關聯外，尚得放在這字詞與和這字詞有聯想關係的諸字詞所構成的聯想軸裏作界定。這字詞與和這字詞有聯想關係的諸字構成了這個字詞的系譜，故此隱藏著的聽想軸又稱為系譜軸。參見古添洪著《記號詩學》頁38～49。台北，東大圖者公司，民國73年7月初版。

2. 生命情調的抉擇

生命情調的變異表現於主題的變異。大千世界的形色景象、人類的歡欣苦楚，均於主題裏舒展顯現。從神話嫦娥奔月、顧菟在腹展現的無限乾坤，到明皇遊月的悠悠邈邈，到小說的震盪感激，到民間故事以現實爲主的有限宇宙，已隱約透露其命情調之梗概，而讀者也可以悠遊此間以搖蕩性情，照燭心智，粲溢美感。

3. 社會人文的影像

時空背景是文化的基本符號，由其可見隱含的社會人文。艾誥即主張意義乃一文化單元，他認爲：

> 語意系統與文化是息息相關或甚互爲表裏的，這個現象不僅見於各
> 國別文化及其語意系統之差異上，即在同一國別文化裏，不同時代
> 的文化亦可從其語意系統的重點移轉而看出。〔註65〕

時空背景映現社會人文，在月宮故事的發展過程裏有重要意義。以小說中的月宮故事爲例，《女仙外史》嫦娥下凡故事，便與正史有一定程度的相對性。唐賽兒永樂十八年叛於青州事，見於《明史》卷七〈成祖本紀〉，而書中引用的歷史傳聞，據顏美娟歸納，有建文出亡爲僧說、建文遜國史事諸臣家屬被禍說、建文出亡後之行踪說、建文流亡後之詩作說等。〔註66〕而於民間故事的時空背景，更由於空間的扞格而表現鄉土、人文色彩。若不是在敦煌沙漠，就不會有借月亮爲泉的故事；沒有洱海觀月的地方特色，就不會有月宮七公主以銅鏡戰惡龍的故事；不是在注重儀式的部族，就沒有豐年祭裏殉情爲月神的故事。時空背景反映社會人文，於此可見一斑。

4. 模範讀者的設定

模範讀者的概念爲艾誥提出。所謂模範讀者，是指作者在建構作品時，假設一個共享者能共享語規、某風格、某專門領域。簡言之，作者在作品裡，一方面假設其模範讀者所擁有的閱讀能力，一方面又把其所要求的閱讀能力經由作品的各種手段建立起來。〔註67〕月宮故事流傳過程中的形式變異，若從作者或傳播者的角度來看，很可能曾有模範讀者的設定。例如以小說和民

〔註65〕前揭書頁165。
〔註66〕參見顏美娟《女仙外史研究》頁53～54，東海中文研究所碩士論文，民國75年。
〔註67〕參見註64所揭書，頁173～175。

間故事相較，後者無論在語言或風格方面都較前者素樸簡易。一則固是兩者
傳播方式－文字和語言的差異所造成，如袁宗道所說：

> 口舌代心者也，文章又代口舌者也，輾轉隔礙，雖寫得暢顯，已恐
> 不如口舌矣，況能如心之所存乎？故孔子論文曰：「辭達而已」；達
> 不達，文不文之辨也。〔註68〕

然而另外一個原因，便是小說設定的模範讀者，閱讀能力或語文能力高於民
間故事設定的模範讀者。此觀念迨無可議。

〔註68〕見袁宗道〈論文〉，收於朱劍心《晚明小品選注》頁1，台北，商務印書館，
　　　　民國69年版。

第六章　月宮傳說與中秋風俗

第一節　中秋風俗之起源

月宮故事除了長期口傳、筆傳以影響文學外，並對民間信仰產生影響，今天中秋節民間普遍祭拜月殿嫦娥便是明證。郭興文、韓養民的《中國古代節日風俗》及馮兆偉《神話與節日》均認爲中秋起源有二：一爲拜月習俗，一爲秋祀習俗。〔註1〕今以此爲基準，申論於下。

一、起於拜月習俗

月亮的自然屬性雖然給人們帶來光明及判斷時日的方便，但是一般說來，在世界各國的自然宗教中神格並不高，〔註2〕中國古代月神的地位也是如此。甲骨文中提到月的，多與月蝕有關，如：

六日（甲）午夕，月业食。

七日己未☖，庚申月业食。

月业食，聞，八日。

旬壬申融，月业食。

〔註 1〕 參見馮兆偉《神話與節日》頁 258，台北，希代出版社，民國 73 年 4 月；韓養民、郭興文《中國古代節日風俗》，頁 237，台北，博遠出版有限公司，民國 78 年 2 月。

〔註 2〕 世界各國的古代宗教中，以日神爲最高神者不少，如日本、埃及等，但把月神做爲最高神或大神者很少，如巴比倫，月神是七星神之一，它和日神、金木水火土五星，在天上輪流值勤，其神格在木星之下。

　　　三月□酉夕，食，聞。

這些卜辭，未有記卜的目的，也沒有記載要進行祭祀，所以最大可能是把月
蝕當作某種徵兆而進行問卜的紀錄。

　　　最早提到拜月習俗的是《尚書・舜典》：

　　　肆類於上帝，禋於六宗，望於山川，遍於羣神。

所謂「禋於六宗」，孔穎達曰：

　　　精意以以享謂之禋。宗，尊也。所尊祭者，其祀有五，謂四時也，

　　　寒暑也，日也，星也，水旱也，祭亦以攝告。〔註3〕

《尚書・舜典》說明月神也被當作自然界的羣神之一而受崇拜。然而《尚書・
舜典》是春秋或戰國時的偽作，故此說必需有輔證，否則仍應存疑。〔註4〕〈禮
記・祭義〉便是輔證：

　　　祭之祭，大報天而主日，配以月。

《祭義》的文字與《尚書・舜典》略有出入，〈舜典〉日、月拜崇同為六宗之
二，地位平等；而〈祭義〉中月配享於日，地位較低。若以〈禮記・祭義〉
記載為準，以《尚書・舜典》為參考，則可得結論有二：

　　1. 古時確實存在著拜月的習俗，而且似乎以貴族的祭祀為主，尚未普及
　　　　民間。

　　2. 此種月神崇拜似乎籠罩在日神崇拜的陰影下，換言之，月神只居配享
　　　　的地位。

　　　「中秋」二字在典籍中最早出現在《周禮》：

　　　中春晝，擊士鼓，吹豳雅以逆暑，中秋夜迎寒。

在此「中春」與「中秋」對舉，只是從字面上看不出與拜月的聯繫，而日期
也沒有確指，除非與《禮記》：

　　　天子春朝日，秋夕月；朝日以朝，夕月以夕。

互為參照，才能比較明白二者可能的關係，即「中秋」或為天子秋天對月的
祭典。

　　　而據傳秦始皇初年，在福建武夷山區有八月十五俗例，以武夷君為主角。
〔註5〕《博物志》：

─────────

〔註3〕見《尚書》孔穎達疏，《十三經注疏》《尚書》頁36，台北，藝文印書館。
〔註4〕朱天順也有同樣論點，見所著《中國古代宗教初探》，頁25，台北，麥芽文化。
〔註5〕馮兆偉如此主張，此據其說以論。參見《神話與節日》頁26。

武夷君，地官也，相傳每於八月十五日，大會村人於武夷山上，置
幔亭，化虹橋，通山下。八月十五日，太極王、皇太姥、魏眞人、
武夷君，並坐空中，告呼單人爲曾孫，汝等若男若女分坐，乃命鼓
師張安陵等作行酒，命歌師彭令君唱人間可憐之曲。〔註6〕

又《諸山譜》有：

武夷山神號武夷君，秦始皇二年，一日語村人曰：「汝等以八月十五
日會山頂。」是日村人畢集，見幔亭綠屋，設寶座，施紅雲霞褥，
器用具設。令男女分坐，聞空中人聲，不見其形；須臾樂響，但見
樂器，不見其人。酒行命食，味皆甘美，惟酒差薄。諸仙既去，眾
皆欣然，因命其地曰同亭山水。〔註7〕

此二條資料雖未明指八月十五爲中秋，但是貴族拜月以來，又顯示民間已有
此日爲節日的迹象。

漢魏以後，詠月、賞月的詩賦之作，典籍所載連篇累牘。例如漢枚乘有
〈月賦〉，〔註8〕謝惠連〈斜泛湖出樓玩月詩〉，〔註9〕等等，不勝枚舉。可見
當時已由祭月、拜月逐漸形成賞月之風，然而這些習俗在當時並不限於某一
日，所以也未形成中秋節。晉有「中秋夕」，隋有「八月十五日」，〔註10〕但
是二者也未能結合爲中秋節。

一般說來，「中秋」爲大眾認識，而且確定爲八月十五日，應該在唐以後。

〔註6〕《月令粹編》頁555，〈幔亭會〉條，收於《歲時習俗資料彙編》第十七冊，
台北，藝文印書館。

〔註7〕《日涉編》卷八所引，收於《歲時習俗資料彙編》第十二冊，頁986。相似
記載並見於《歲時廣記》卷三三〈建幔亭〉條、〈宴同亭〉條、〈步虹橋〉
條、〈奏鼓樂〉條。其中〈建幔亭〉條舉詹克愛〈中秋遊武夷詩〉：「太姥峰
前月色明，魏王嚴下水光平；舉杯不記風生籟，疑是賓雲舊曲聲。」遂以
爲中秋即八月十五日；而〈奏鼓樂〉條更於文中云：「中秋日，呂眞人、鍾
離先生、武夷君等皆會於山頂。」收於《歲時習俗資料彙編》第七冊，頁
1343～1048。

〔註8〕收於蕭統編《文選》頁196～198，台北，華正書局，1977年3月版。

〔註9〕前揭書頁312。

〔註10〕例如《晉書・庾亮傳》：「亮在武昌，諸佐吏殷浩之徒，乘秋夜往共登南樓。」
《晉書・表宏傳》：「謝尚鎮牛諸仙，秋夜望月。率爾與左右微服泛紅。會宏
在舫諷詠，聲既清朗，辭又藻拔，遂駐聽久之，遣問焉。答云：『是表臨汝即
誦詩，又共詠史之作也。』尚傾率有勝致，即迎升舟，與之談論，申旦不寐。」
又《隋書・新羅國風俗志》：「八月十五日時設樂，令宮人射，常以馬布。」《舊
唐書・東夷傳》：「新羅國重八月十五日，設樂飲宴，賚羣臣射其庭。」

〔註11〕歐陽詹在〈玩月詩序〉中便認爲中秋爲極佳的賞月時令：

> 八月於秋，季始孟終，十五於夜，又有之中。稽於天道，則寒暑均，取於月數，則蟾魄圓。況埃壒不流，太空悠悠，嬋娟徘徊，桂花上浮，升東林，入西樓，肌骨與之疏涼，神氣與之清泠。〔註12〕

另外，《輿圖備考》也載唐玄宗開元年間，商州商山中，有「中秋午夜」爲六逍遙館之一：

> 商州商山，即四皓隱處，開元時，唐玄宗避居山中，建六逍遙館，分爲「春雪未融」、「晴夏晚雲」、「中秋午夜」、「冬日初出」、「暑葦清風」、「夜階急雨」等六景。〔註13〕知唐時中秋已與八月十五日結合，形成中秋節。

二、起於秋祀習俗

中秋節與農業經濟、水稻收成有密不可分的關係，《詩・豳風・七月》曰「八月萑葦」，又曰「八月載績」、「八月其穫」、「八月剝棗」、「八月斷壺」。而《禮記・月令》〈仲秋〉條云：

> 是月也，日夜分，雷始收聲，蟄蟲坏戶，殺氣侵盛，陽氣日衰水始涸。

又云：

> 是月也，可以築城部，建都邑，穿竇窖，修囷倉。乃命有司，趣民收斂，務畜菜，多積聚。

可知早在周代，就很重視秋收。《說文解字》釋「秋」爲「禾穀熟也」，而八月中旬，正是秋糧收割之際，一年汗水拋撒在土地上，收穫在即，於是，圍繞「秋報」出現一系列的儀式和宗教活動，例如《周禮》曾記載秋之社日是爲卜來年的豐收。這種秋天所舉行的社祭，是收穫後所作的，所以也算是一種豐年祭。

梁道譚以爲，舊時四季的計算方法有二，一爲根據一年中的二十四節氣，從立春之日起，分作春夏秋冬四季，每季爲六氣，一爲將舊曆一年中的十二個

〔註11〕據目前所見最早記錄歲時習俗的著作：《荊楚歲時記》中「八月十四日」之記事，僅有朱墨點額、餉遺眼明囊等，與以拜月、賞月爲主的中秋無關，由此可以推知唐以前民間並無中秋節祀月之風俗。

〔註12〕見秦嘉謨編《月令粹編》下，頁 539。台北，廣文書局，民國 59 年 12 月版。

〔註13〕同前註。

月分作春夏秋冬四季。〔註14〕如果以第二個方法計算，七、八、九月為秋季，而八月十五日居秋季之中，故稱中秋；以第一個方法為準，則秋季包含立秋、處夏、白露、秋分、寒露、霜降六個節氣，中秋應該在秋分附近。〔註15〕

　　環繞著秋分的祭祀活動，就是我們所稱的「秋祀」，以祀「社」－即土地神－為主。由《荊楚歲時記》中，可知早在南北朝，已有秋分祀社的風俗：

　　　秋分以牲祠社，其供帳，盛於仲春之月。社之餘胙，悉貢饋鄉里，周於族，社餘之會，其在茲乎，此其會也。擲茭於社神，或折竹以卜。〔註16〕

　　　秋分以牲祠社，其供帳，盛於仲春之月。社之餘胙，悉貢饋鄉里，周於族，社餘之會，其在茲乎，此其會也。擲茭於社神，以占來歲豐歉，或折竹以卜。〔註17〕

　　　秋社擬教於神，以占來歲豐儉。……又《歲時記》注文曰：「教以桐為之，形如小蛤。言教，教令也。其擲法，則以半俯半仰者為吉也。」此其所以為教也。〔註18〕

由以上記載，可得下列幾個要點：

1. 祀社神分為春、秋兩次，而秋祀往往盛於春祀。
2. 秋祀在農耕生活中占有重要地位，時間又在秋分、八月十五附近，於是與以拜月、賞月為主的中秋節融合，因而有酒食歡娛、祭賽迷信等各種活動。

尚秉和論及歲時伏臘的沿革時，認為：

　　　論歲首以外時節的沿革，蓋無論士農工商，終歲勤動，無娛樂之時，

〔註14〕 參見梁道羣《中華民國紀念節日要覽》頁118，台北，華僑文化出版社，民國49年6月版。

〔註15〕 每年國曆9月24日為秋分，即太陽經過秋分點之日。此日陽光正射赤道，南北兩半球晝夜均分。《春秋繁露》卷一二〈陰陽出入〉第五十：「至於中秋之月，陽在正面，陰在正東，謂之秋分。秋分者，陰陽相半也。故晝夜均而寒暑平。」又《史記·天官書》：「狼此地有犬星，曰南極老人，老人見，治安。不見，兵起。常以秋分時，候之於南郊。」《太平御覽》卷二五〈秋分〉條引《說文》：「龍春分而登天，秋分而入淵。」由以上記載，不難了解秋分具有潛藏、平寒暑、均晝夜的特質，迨為農業經濟的遺跡。

〔註16〕 《荊楚歲時記研究》頁211載《太平御覽》卷七二六引《荊楚歲時記》。

〔註17〕 前揭書，前揭頁載《緯略》卷三引《荊楚歲時記》。

〔註18〕 見尚秉和《歷代社會風俗事物考》卷三九，頁433，台北，商務印書館。

> 則精神不活潑。古之人於是假事以為娛樂，原以節民勞，和民氣，
> 亦即所謂張弛也。此其義也。乃執者往往以時節酒食歡娛，祭賽迷
> 信，謂為無理而欲刪除之，豈知古人用意，乃假時節以為娛樂，非
> 娛樂之義在時節也。時節者乃人為，故自古及今有沿革，有轉移，
> 有風俗習慣。習慣既久，便視為當然，不能究其所以然。〔註19〕

所謂「假時節以娛樂，非娛樂之義在時節」，恐怕不適用於中秋節，因為它植根於農耕社會乃自然信仰，在初始時不只是情緒性的娛樂而已。「假時節以娛樂」應是「習慣既久，便視為當然，不能究其所以然」的結果，一如拜月、秋祀之俗演化為中秋節般。

第二節　八月十五及月宮傳說——以唐為主之考察

李豐楙〈漢武內傳研究〉一文論及西王母降仙說時，曾謂：

> 類此民間節日在長期衍變的過程中，由於新創神話的形成，賦予新
> 意，而重新獲得肯定與支持。〔註20〕

此說可用來說明唐代八月十五傳說的形成。案中秋風俗自唐代定形以後，漸漸由宮廷貴冑普及至民百姓，並踵事增華。據統計，《全唐詩》所輯各家節令詩中，吟詠中秋題材的共有八十一首詩，以數量而言，僅次於重陽；〔註21〕然而中秋節的活動只有賞月、拜月，反而月宮、八月十五等傳說屢見於筆記、小說，宋以後中秋民俗方大盛。可以說中秋節在有唐一代初形成之時，賴這些仙道傳說賦與新意，獲得肯定與支持，以相沿成風。

　　唐代八月十五月宮傳說約可分為三大類，即月桂傳說、唐明皇遊月宮，及其他遊月傳說，茲分述於下：

一、月桂傳說

　　月桂傳說可細分為三，即拾桂子說、蟾宮折桂及吳剛伐桂。

〔註19〕見李豐楙〈漢武內傳研究〉，收於李著《六朝隋唐仙道類小說研究》頁88，台北，學生書局，民國75年版。
〔註20〕此據洪淑苓《牛郎織女研究》頁247引王基倫未發表手搞《從唐詩看唐代的民俗活動》之統計。唯筆未見王稿。
〔註21〕見《歲時廣記》卷三○。收於《歲時習俗資料彙編》冊七，頁1011～1013，台北，藝文印書館。

（一）拾桂子說

《歲時廣記》〈拾桂子〉條記載：

> 《南部新書》：「杭州靈隱山多桂寺。僧云：月中種也。至中秋夜往往子墜，寺僧亦嘗拾得。」《漢武洞冥記》云：「有遠飛雞朝往夕還，常銜桂實歸南土，所以北方無。今江東諸處無四、五月後多于衢路間得之，大如貍豆，破之辛香，古老相傳，是月中下也。」《本草》云：「取月桂子碎傅耳後，月蝕耳瘡。」白樂天〈題靈隱詩〉云：「山寺月中尋桂子。」宋之問〈遊靈隱寺行吟〉云：「桂子月中落，天香雲外飄。」又云：「唐垂拱中，天台桂子落，十餘日方止。」蘇東坡〈八月十七夜詩〉云：「天台桂子爲誰香。」白樂天詩云：「天台桂子落紛紛。」蘇子美〈中秋對月詩〉云：「風應落子，露恐滴金波。」〔註22〕

這項匯集月桂傳說的記載，時代最早的的是唐代，但是其實在漢已有「月中有桂」的記載。〔註23〕只是到了唐代，經過文人吟詠後更廣及民間。因爲傳說月中有桂樹，所以月亮又稱爲「桂魄」、「桂輪」等。〔註24〕

桂樹又稱娑羅樹。《酉陽雜俎・木篇》記載唐玄宗天寶初年，安西道〈進娑羅樹枝狀〉文，其中寫道：

> 布葉垂陰，鄰月中之丹桂，連枝接影對天上之白榆。〔註25〕

宋人洪邁《容齋隨筆》亦談到娑羅樹：

> 世俗多指言月中桂樹爲娑羅樹，不知所起。〔註26〕

並連著月中有桂的說法，還有蟾宮折桂之說。

（二）蟾宮折桂

《晉書》已有用桂比喻登第之說，〔註27〕而唐代秋闈大比在八月，因稱

〔註22〕例如《太平御覽》引《淮南子》：「月中有桂樹。」《樂府詩集・東飛伯勞歌》：「南窗北牖桂月光，羅帷綺帳脂粉香。」沈約〈登台望秋月詩〉：「桂宮裏落落桂枝，露寒淒淒凝白露。」

〔註23〕稱月爲桂輪者，如方干〈月〉：「桂輪秋出半東方，巢鵲驚飛夜未央。」稱月爲桂魄者，如王維〈秋夜曲〉：「桂魄初生秋露微，輕羅已薄未更衣。」

〔註24〕同書亦云：「巴陵有寺，僧房床下，忽生一木，隨伐而長，外僧見之曰：此娑羅樹也。」

〔註25〕此據註1《中國古代節日風俗》頁 240 所引。

〔註26〕《晉書・郤詵傳》敍郤詵以對策上第拜議郎，自比於桂：「臣舉賢良對策，爲天下第一，猶桂林之一枝，崑山之片玉。」

〔註27〕參見《全唐詩》卷六四，頁 7459。台北，文史哲出版社，民國 67 年版。

科考爲桂科、登科爲折桂，以表陳功名欲求。

方干〈中秋月〉：「未折青青桂，吟看不忍休」〔註28〕及李中〈獻中書張舍人〉：「仙桂從攀後，人間播大名。」〔註29〕等。葉夢得《避暑閒話》卷下云：

> 世以登科爲折桂，此謂郤詵對策東堂，自云桂林一枝也。自唐以來用之。

折桂與功名聯想，是傳說與社會文化結合的佳例，反映科考制度下的惶惶人心。〔註30〕

以折桂比喻登科，在唐以後的小說中已成典故。第四章提到《紅樓夢》第九回中，林黛玉聽說賈寶玉要上學，便笑：「好，這一去，可定是要蟾宮折桂去了。」即爲一例。

（三）吳剛伐桂

吳剛伐桂是月桂傳說中最膾炙人口的部分，並在小說、民間故事中迭有演繹、闡發。晉·虞喜〈安天論〉已有「仙人之足」說：

> 俗傳月中仙人桂樹，今視其初生，見仙人之足，漸已成形，桂樹後生焉。〔註31〕

唐·段成式《酉陽雜俎·天咫》更有吳剛伐桂之說：

> 舊言月中有桂，有蟾蜍，故異書言：「月桂，高五百丈，下有一人，常斫之，樹瘡隨合。人姓吳名剛，學仙有過，謫令伐樹。」

月桂樹創隨合的自癒功能可能與桂的藥性有關。《說文》：

> 桂，江南木，百藥之長。〔註32〕

而《抱朴子》亦言：

> 桂可以葱涕合蒸作水，可以竹瀝合餌之，亦可以先知君腦，或云龜，和服之，七年，能步行水上，長生不死也。〔註33〕

由此二條資料，可得以下兩條線索：

〔註28〕參見前揭書卷七四八，頁8523。

〔註29〕參見李艷梅《唐詩中月神話運用之研究》頁111～119，輔大中文所碩士論文，民國78年。

〔註30〕此文錄自《太平御覽》卷四。此外，《初學記》卷一亦曾收錄。

〔註31〕《說文》六篇上。

〔註32〕見《抱朴子》內篇。

〔註33〕參見卡謬著，南度譯〈薛西弗斯的神話〉，收於陳鼓應編《存在主義》頁314～318，台北，商務印書館，民國69年元月版。

1. 桂爲百之長，文士可能因此而聯想其具自癒功能。

2. 由於桂有服之可養生的特性，因而與月宮故事結合，象徵長生、不死。

吳剛伐桂與卡謬〈薛西弗斯的神話〉〔註34〕有許多類似，二者的比較是一個有趣的課題。薛西弗斯原是凡間英雄，因輕蔑神祇、憎惡死亡、熱愛生命而受罰；吳剛則是學仙有過被謫。受罰地點，一在冥界，一在月中。薛西弗斯受令推巨石上山，但是由於石頭本身的重量，推上山後巨石又從山頂滾下；吳剛受命伐桂，而桂有神奇的自癒功能，樹創隨合。兩人均是荒謬的角色，都必須接受徒勞無益的刑罰，一切努力等於永無止境的失敗。對於荒謬，吳剛伐桂傳說未予任何詮釋；而卡謬則嘗試分析薛西弗斯的心路歷程，想像他由悲傷、輕蔑、認命以得到心靈紓解。

卡謬認爲成功和失敗、充實和空虛的對立並不可怕，也不無奈，事實上我們追求的雖然是成功和充實，厭惡失敗和空虛，可是眞正追求的卻是幸福，眞正厭惡的卻是痛苦；成功、充實不一定幸福，失敗、空虛不一定痛苦。〔註35〕從這種基本的看法中，卡謬爲薛西弗斯找到一條出路；在失敗中求幸福。於是，薛西弗斯每次推石上山時，都把這件事當作自己的責任，至於石頭會不會掉下來，就不關他的事。每當他受到成功與失敗的荒謬困擾時，就安慰自己說：「明天我還不會失業，還可以推石上山。」因而卡謬寫道：薛西弗斯是快樂、幸福的，大爲一個希望消失了，明天還有一個新希望，希望支持薛西弗斯在失敗中求幸福。

以卡謬對薛西弗斯的詮釋來看吳剛傳說，能使我們從表面的文字敘述透視此傳說的深刻含義，而這含義也許即是吳剛傳說廣爲後世文學附會、增飾的關鍵。

二、唐明皇遊月宮

唐代關於八月十五日的仙道傳說中，以明皇遊月宮爲最主要的掌故。如《唐逸史》載：

> 羅公遠，鄂州人。開元中中秋夜，侍明皇於宮中玩月。公遠曰：「陛

〔註34〕參見鄔昆如《存在主義透視》頁49，台北，黎明文化事業公司，民國66年5月再版。

〔註35〕見《新增月日紀古》卷之八下所引。收於《歲時習俗資料彙編》冊二十六，頁2861，台北，藝文印書館。

下莫要至月中看否？」乃取拄杖向空擲之，化爲大橋，其色如銀，
請明皇同登。約行數十里，精光奪目，寒氣侵人，遂至大城闕。公
遠曰：「此月宮也。」見仙女數百，皆素練寬衣，舞於廣庭。明皇問
曰：「此何曲也？」曰：「霓裳羽衣曲也。」明皇密記其聲調，遂回，
卻顧其橋，隨步而滅。旦召伶官，依其聲作霓裳羽衣之曲。〔註36〕

《龍城錄》云：

開元六年，上皇與申天師八月十五日遊月中，見仙人道士乘雲駕鶴，
往來遊戲，素娥十餘人，皆乘白鶴，舞笑於廣庭大桂樹之下。〔註37〕

《集異記》：

玄宗八月望夜與葉法善同遊月宮，還過潞州城，俯視城郭悄然，而
月色如畫，法善因請上以玉笛奏曲。時玉笛在寢殿中，法善命人取
之，旋頃而至。曲奏既竟，復以金錢投城中而還。旬餘，潞州奏是
夜有天樂臨城，兼奉金錢以進。〔註38〕

此外，如《漱石閒談》、《唐明皇雜錄》、《怪異錄》等均載明皇遊月宮一事，
〔註39〕其中雖然引導明皇同遊的仙人道士有申天師、羅公遠與葉法善的不
同，所得曲名也有霓裳和紫雲曲的分別，其時間、地點也有所差異，但是應
該同出一源。

曾永義認爲遊月宮傳說是因霓裳羽衣曲而起：

考遊月宮實因霓裳羽衣曲而起。劉夢得〈望女幾山詩〉云：「開元天
寶萬事足，惟惜當年光景促，三鄉陌上望仙山，歸作霓裳羽衣曲。
仙心從此在瑤池，三清八景相追隨。天上忽乘白雲去，世間空有秋
風詞。」元微之〈法曲〉詩中亦有「明皇度曲多新態，宛轉浸淫易
沉著。赤白桃李取花名，霓裳羽衣號天樂」之句，他們的用意雖然
都在於諷刺，但是其中都提到「仙山」和「仙樂」，或許竟因此而把
霓裳羽衣曲牽涉爲廣寒之樂，由此再啓遊月宮、譜霓裳羽衣曲之說

〔註36〕見前揭書頁 2861。

〔註37〕見前揭書頁 2851。

〔註38〕例如前揭書頁 2850〜2851 引《唐明皇雜錄》：「八月十五夜，葉靜能邀上遊月
宮。將行，請上衣裘而往。至月宮，寒慄特異，上不能禁。靜能出丹二粒進，
上服之。」而《漱石閒談》、《怪異錄》所載明皇遊月宮事，除文字略與前引
文小異外，內容大抵相同。

〔註39〕見曾永義《說俗文學》頁 134〜135，台北，聯經出版事業公司，民國 73 年
12 月版。

的也不一定。〔註40〕

所謂「因霓裳羽衣曲而起」，應可作較周延的解釋，即遊月宮之說與唐人胡化有關，理由有二：

1. 楊蔭瀏〈霓裳羽衣曲考〉已證此曲半爲創作，半爲改編；歐陽予倩甚至明言此曲爲唐玄宗改編楊敬述所呈之〈婆羅門曲〉，再加上玄宗個人創作而成，與月宮傳說無關；〔註41〕但是傳說自不必完全符合現實。如此，遊月宮之說與霓裳羽衣曲孰先孰後，便如同鷄生蛋、蛋生鷄的問題，執於一說反而容易偏離事實。

2. 據考〈霓裳羽衣曲〉拍子有快有慢，有緩有急。緩慢處如柳無力，如雲欲生；急促處如流風回雪，跳珠撼玉。〔註42〕舞者上衣可能綴上許多羽毛，下著閃光花紋的裙裾，舞容和服飾力求仙意，極胡化。〔註43〕樂舞的胡化表現唐人生活及風俗的胡化，〔註44〕這種社會風氣影響唐人的節日傳說。

隋唐之際，佛、儒、道三家爭鬥激烈，早在唐太宗之時便曾下詔道士在僧尼之上，尊太上老君李聃爲祖。唐高宗又給老子上了「太上玄元皇帝」的尊號。武則天曾一度揚佛抑道，但是爲時不久。至唐玄宗不但認老子爲祖宗，又封莊子、文子、列子、庚桑子爲四大眞人，對道士堅信不移。在這樣的崇道風氣之下，使得八月十五日的傳說染上濃厚的仙道色彩。〔註45〕

明皇遊月宮艷羨嫦娥，加上楊貴妃故事的滲入，在元明戲曲裏多所發揮。如白樸〈梧桐雨〉，直將太眞附會爲月中仙子，稱其「貌類嫦娥」；洪昇〈長生殿〉以貴妃夢遊得霓裳新譜，伏下明皇死後月宮團圓的關目；屠隆〈彩毫記〉別出心裁扯進李白等。另外，曾永義曾考《雍熙樂府》關於遊月宮的曲子，茲錄於下以資參考：〔註46〕

〔註40〕參見歐陽予倩《唐代舞蹈》頁 150～151。台北，蘭亭書店，民國 74 年 10 月。

〔註41〕參見歐陽予倩《全唐詩中的樂舞資料》頁 167。台北，蘭亭書店，民國 74 年 10 月。

〔註42〕同前註。

〔註43〕參見傅樂成〈唐人的生活〉，收於《漢唐史論集》頁 171～140。台北，聯經出版事業公司，民國 66 年 9 月。

〔註44〕參見傅樂成〈唐型文化與宋型文化〉，前揭書頁 351～371。

〔註45〕同註 39，頁 136。

〔註46〕見秦嘉謨編《月令粹編》下，頁 541 所引，台北，廣文書局，民國 59 年 12 月。

1. 仙呂調六么序〈冰輪光展〉套：寫明皇中秋夜宮中宴賞，問及廣寒仙子，天師葉法善乃導引明皇飛上月明天。

2. 大石調玉翼蟬煞〈似仙闕〉套：寫明皇到達月宮遇金甲天神。

3. 雙調新水令〈駕著五雲軒〉套：寫明皇到達月闕，素娥以霓裳舞宴樂之。

4. 仙呂調點絳唇〈玉艷光中〉套：寫明皇於歌舞宴樂之際，因見嫦娥貌美而動心，欲使之「鳳返丹霄外」。

5. 仙呂調青杏兒〈一片玉無瑕〉套：寫明皇醉後失態，凭肩賞碧花，為法善所止。

6. 仙呂調點絳唇〈人世塵清〉套：寫素娥私會明皇，正歡娛之際，為葉靖所催促，不得已悵然而歸，因感念到「若是無緣成配偶，怎生向九霄雲外相逢」。

三、其他遊月傳說

明皇以外的遊月傳說，主要有「駕梯取月」、「登天柱峯玩月」等。《宣室誌》：

> 唐太和中，周生善道術。中秋，客至。周曰：「我能梯雲取月，置懷袖中。」因取筋數百，繩梯駕之，命閉目良久。忽天黑，仰視無雲。俄呼曰：「至矣。」手舉其衣，出月寸許，一室盡明，寒入肌骨。〔註47〕

「宣室」本是漢未央宮偏殿，漢文帝曾召賈誼在此問神鬼之事，《宣室誌》取名於此，所記也多神怪奇談；而《宣室誌》作者張讀為牛僧孺外孫，若受牛僧孺《玄怪錄》影響，喜於書中記載神奇古怪之事，似乎不足為奇。然而類此飛身月宮的民間傳說還有《三水小牘》的「天柱峯玩月」，可見飛往月宮並不是少數人的夢想：

> 趙知微有道術，皇甫元真等師事之。咸通庚寅中秋，自朔霖霪，至於望月。元真謂同門生曰：「堪惜良宵而值苦雨。」語頃，知微忽命侍童曰：「可備酒果，登天柱峯玩月。」眾竊有不然者。既出門，長天廓清，皓月如畫。捫蘿援篠，吟飲山嶺，至寒蟾隱於遠岑方歸山舍。既各就榻，而淒風飛雨宛然。〔註48〕

〔註47〕同前註。
〔註48〕見《新增日月紀古》卷之八下。收於《歲時習俗資料彙編》冊二六，頁2871，

此外《傳奇》、《誠齋雜記》中並記載仙女下嫁之事，傳說鍾陵西山，每至中秋節，車馬喧闐，聲聞十里，貴族豪俊之士，多召名姝善歌舞者，夜間在月光下歌舞賞月。歌女們握臂相連，踏歌而舞。有一位書生名文蕭，發現一位歌女美貌無雙，所唱歌也十分獨特：「若能相伴步仙壇，應得文蕭駕彩鸞。自有繡襦並甲帳，瓊台不怕霜雪寒。」文蕭突然悟到此女可能是月中仙子下凡，二人眉目傳情，流眄顧盼。歌罷此女穿過松林，登山望險峯而去，文蕭緊隨其後登上山頂。突然風雨驟起，仙童持天書至，判吳彩鸞以私慾洩天機，謫爲民妻。於是仙女吳彩鸞便與文蕭結爲夫妻，居住鍾陵山側。〔註49〕這些民間傳說，反映出當時中秋賞月的受重視及人們追求自由、幸福的渴望。更有《酉陽雜俎》的「金背蝦蟆」〔註50〕、《南部新書》的「中秋鬼吟」〔註51〕、《宣室志》的「舍商山」〔註52〕、《唐逸史》的「乘彩雲」〔註53〕、《集仙錄》的「服靈藥」〔註54〕等，不一而足，均附麗於八月十五日。

有唐一代關於八月十五日的傳說幾乎凌駕各朝，具決定性色彩，究其原因大抵有：

1. 唐代是中國節日風俗的轉變時期，節日脫離迷信、禁忌、袚禊、禳除的神秘氣氛，轉爲娛樂、禮儀形態，成爲眞正的佳節良辰，而在節日活動未成熟發展前，各類傳說自爲前驅。

2. 帝王雅好風流，上行下效，蔚爲風氣，促成傳說發展。如王仁裕《開元天寶遺事》載：

> 蘇頲與李義府對掌文誥，玄宗顧念之深也。八月十五日於禁中，直宿諸學士玩月，備文酒之宴，時長天無雲，月色如畫。蘇曰：「清光可愛，何用燈燭。」上遂命撤去。〔註55〕

台北，藝文印書館。
〔註49〕同註1。
〔註50〕見《歲時習俗資料彙編》冊三二，頁987。台北，藝文印書館。
〔註51〕參見《歲時廣記》卷三三所引文。收於《歲時習俗資料彙編》冊七，頁1061～1063，台北，藝文印書館。
〔註52〕同前書，頁1051～1052。
〔註53〕同前書，頁1050～1051。
〔註54〕見《日涉編》卷八所引，收於《歲時習俗資料彙編》冊二，頁978。台北，藝文印書館。
〔註55〕見《古今類傳》卷之三所引，收於《歲時習俗資料彙編》冊五，頁413。台北，藝文印書館。

同書並有「賞月台」的記載：

> 中秋夕，上與貴妃臨太液池望月，不快。遂敕左右於池西別築百尺
> 台，來歲望月。〔註56〕

二條資料均爲玄宗愛月明證。而《全唐詩》中詠月之作亦俯拾皆是。例如陳
啓佑〈李白浩歌待明月〉論述李白作品與月亮意象密不可分，約有神話的特
性、思鄉懷人、知己、美好的象徵等。〔註57〕劉禹錫亦不乏玩月之作：

> 塵中見月心亦閒，況是清秋仙府間。
>
> 凝光悠悠寒露墜，此時立在最高山。
>
> 碧虛無雲風不起，山上長松山下水。
>
> 羣動悠然一顧中，天高地長千萬里。
>
> 少君引我升玉壇，禮空遙請眞仙官。
>
> 雲轉欲下星斗動，天樂一聲肌骨寒。
>
> 金霞昕昕漸東上，輪鼓影促猶頻望。
>
> 絕景良時難再並，他年此日應惆悵。〔註58〕

第三節　宋代中秋風俗及其沿革

中秋風俗定形於唐而盛於宋，市民色彩強烈，並爲後世中秋風俗定下規模。

一、宋代中秋風俗

此處以宋代兩京爲主，參酌《東京夢華錄》、《夢梁錄》、《武林舊事》、《都
城紀勝》諸書，分宋代中秋風俗爲賞月、賞桂、賞燈、觀潮、吃月餅五類。

（一）賞　月

宋代賞月風俗已經很普及，不論宮廷、文人、民間都時興中秋賞月。捨
卻文人賞月不談，《西湖遊覽志餘》便記載淳熙九年宋高宗、孝宗「吹笙侍宴」
的故事，〔註59〕而民間賞月活動也不遜色，《東京夢華綠》：

〔註56〕參見陳啓佑《分析文學》頁 1～19。台北，東大圖書公司，民國 69 年 10 月初版。

〔註57〕同註 27 書，劉禹錫〈八月十五桃園玩月〉詩。

〔註58〕見註 46 所揭書，頁 559。

〔註59〕見孟元老《東京夢華錄》，收於孟元老等著《東京夢華錄外四種》，頁 51，台北，大立出版社，民國 69 年 10 月。

中秋節前，諸店皆賣新酒，重新結絡門面綵樓，花頭畫竿，醉仙錦
施，市人爭飲，至午未閒，家家無酒，拽下望子。是時螯蟹新出，
石榴、榲勃、梨、棗、栗、孛萄、弄色根橘，皆新上市。中秋夜，
貴家結飾台榭，民間爭占酒樓玩月，絲篁鼎沸。近內庭居民，夜深
遙聞笙竽之聲，宛若雲外。閭里兒童，連宵嬉戲。夜市駢闐，至於
通曉。〔註60〕

規模之盛大可以想見。《夢梁錄》則云：

八月十五日中秋節。此日三秋恰半，故謂之中秋。此夜月色倍明於
常時，又謂之月夕。此際金風薦爽，玉露生涼，丹桂香飄，銀蟾光
滿，王孫公子，富家巨室，莫不登危樓，臨軒玩月，或開廣榭，玳
筵羅列，琴瑟鏗鏘，酌酒高歌，以卜竟夕之歡。至如鋪席之家，亦
登小小月台，安排家宴，團圓子女，以酬佳節。雖陋巷貧窶之人，
解衣市酒，勉強迎歡，不肯虛度。此夜天街賣買，直至五鼓，玩月
遊人，婆娑於市。至曉不絕；蓋金吾不禁故也。〔註61〕

其中「安排家宴，團圓子女，以酬佳節」爲熱鬧喧騰的節慶氣氛投入了天倫
的祥和歡樂，反映了傳統的倫理及道德觀念。「月圓人團圓」是「每逢佳節倍
思親」的表現。

（二）賞　桂

中秋丹桂香飄，並有吳剛伐桂、月桂子落入人間的傳說，因此賞桂也是
宋代中秋節風俗。〈宋慈雲式公月桂詩序〉道：

天聖子卯中秋夜，月有穠華，雲無纖迹。天降靈實，其繁如雨，其
大如豆，其圓如珠，其色白者、黃者、黑者，殼如芡實，味辛。識
者曰：「此月中桂子。」好事者播種林中，一種即活。〔註62〕

這則記載對桂子的形狀、顏色、味道描述詳盡，又帶有仙藥般的色彩，與月
宮傳說暗合，平添中秋賞桂的佳趣。而在《乾淳歲時記》中，亦記載中秋禁
中賞月延桂的風俗；〔註63〕虞儔〈有懷漢老弟〉詩：「芙蓉泣露坡頭見，桂子
飄香月下聞。」更融合月下賞桂之風俗及桂子落人間之傳說。

〔註60〕吳自牧《夢梁錄》，收於註59所揭書，頁161。
〔註61〕見註48所揭書，頁561引文。
〔註62〕見註48所揭書，頁557。
〔註63〕參見1郭興文，韓養民書，頁257。

宋代中秋賞桂之俗不限一地，如四川新都、杭州靈隱寺及江蘇虎丘都有賞桂之俗。〔註64〕

（三）賞　燈

賞月、賞桂之俗在宋以前的文人歌詠中都可以找到例證，但是賞燈則爲南宋時注入的新風俗。宋代賞燈起自南宋孝宗時代，分爲兩種，在水中的稱「放水燈」，在陸上的稱「豎中秋」或「樹中秋」。中秋夜，高懸的明月與人間的燈火交相輝映。據《武林舊事》載：

> 此夕浙江放「一點紅」羊皮小水燈數十萬盞，浮滿水面，爛如繁星，
> 有足觀者。或謂此乃江神所喜，非徒事美觀也。〔註65〕

所謂「此乃江神所喜」可能與錢塘祭潮的風俗有關，《傳載略》有〈祭潮〉一條，書之甚詳。〔註66〕如果紀錄可信，那麼「放水燈」除了點綴節日以外，並反映出節俗中的靈魂崇拜與宗教心理。

至於「豎中秋」則以廣州等地最盛，胡樸安考廣州「豎中秋」之俗云：

> 各家男女，並在節前十數天，用竹條紮燈籠，及果品、鳥獸蟲魚，
> 並各種慶賀中秋字樣，上糊色紙，繪各種顏色。中秋之晚，燃燭於
> 內，用繩繫於竹竿之上，高樹於瓦簷或天台之上。……是夜各家以
> 小燈連續多數，砌成字形或特殊形，高揭於家屋之高處，曰慶賀中
> 秋，俗曰樹中秋。滿城燈火，如明星羅列。即小孩亦有提燈之會，
> 蓋取光明之意。〔註67〕

（四）觀　湖

中秋觀潮，是錢塘人的習俗，而泛舟夜遊則是伴著觀潮而來的活動。中秋觀潮並非始於宋，早在漢代，枚乘〈七發〉中就有「將以八月之望，並往觀濤於廣陵之曲江。」廣陵即今揚州。《南齊書・州郡志》亦載：「廣陵爲州鎮，土甚平廣，刺史每以秋月多出海陵觀濤，與京口對岸，江之壯闊處也。」由於錢塘江口呈喇叭形，向內逐漸淺狹，因此每當潮流來襲時，潮波壁立，

〔註64〕見周密《武林舊事》，引自註59所揭書，頁381。

〔註65〕《傳載略》：「武肅王天祐丙寅思欲拓捍海塘。先是江心有石，即秦望山腳，
　　　横截波濤，中山崔嵬，然商旅船到此輒爲風濤所困而傾覆，遂呼此爲羅刹石。
　　　我國八月既望，必迎潮設祭，動樂鼓舞於上，尋命更呼鎮江石。開平以來沙
　　　漲，遂作木欄圍頂，今祭江亭是也。」見註48所揭書，頁562。

〔註66〕見胡樸安《中華全國風俗志》，台北，大達圖書公司，民國25年。

〔註67〕見註59書，頁162。

波濤洶湧，有如萬馬奔騰，自是一大奇觀。《夢梁錄》載每年八月十一日起，都城士女便開始觀潮，到十六、十八日傾城而出，車馬紛紛，十八日最為繁盛，二十日則稍微稀少。〔註68〕又說：

> 其杭人有一等無賴不惜性命之徒，以大綵旗，或小清涼繖、紅線小繖兒，各繫繡色緞子滿竿，伺潮出海門，百十為羣，執旗泅水上，以迓子胥弄潮之戲，或有手腳執五小旗浮潮頭而戲弄者。〔註69〕

《武林舊事》亦云：

> 每歲京尹出浙江亭教閱水軍，艨艟數百，分列兩岸，既而盡奔騰分合五陣之勢，並有乘騎弄旗標槍舞刀於水面者，如履平地。倏爾黃煙四起，人物略不相睹，水爆轟震，聲如崩山，煙消波靜，則一舸無迹，僅有敵船為火所焚，隨波而逝。吳兒善泅者數百，皆披髮文身，手持一幅大綵旗，爭先鼓勇，泝迎而上，出沒於鯨波萬仞中，騰身百變，而旗尾略不沾濕，以此誇能。而豪民貴臣，爭賞銀綵，江干上下十餘里間，珠翠羅綺溢目，車馬塞途，飲食百物皆倍穹常時，而僦賃看幕，雖席地不容閒也。禁中倒觀潮於天開圖畫，高台下瞰，如在指掌。都民遙瞻黃雉扇於九霄之上，真若簫台蓬島也。〔註70〕

江潮上不但可以耍大旗，又可以治水軍，可謂奇景。

（五）吃月餅

吃月餅的習俗南北相同，但是不肇始於宋。《洛中見聞》記唐僖宗分贈月餅給新科進士，這是月餅初見的記載，也是中秋贈月餅風俗之始。講究禮儀，禮俗與風俗緊密結合，是中秋吃月餅、贈月餅的意義。而在宋代，從蘇軾「小餅如嚼月，中有酥與飴」的描述中，也可知月餅受人們喜愛；《夢梁錄》提到的月餅名稱就有「金銀炙焦牡丹餅」、「雜色煎花饅頭」、「棗䭔荷葉餅」、「菊花餅」、「月餅」、「梅花餅」、「開爐餅」等，〔註71〕名目繁多，是秋節的時令佳品。

〔註68〕同前註。
〔註69〕見註59所揭書，頁381～382。
〔註70〕見註59所揭書，頁268。
〔註71〕綜觀畫中建築，可分兩組，兩組建築用遊廊貫串。畫幅下方為前廳之一部分，自左下角起為前院，此時正值有客來訪，主人迎客互揖，後隨小僮僕，攜帶應節禮物，升階登堂。遊廊之中有僮僕二人合力擔一圓籠，另一人捧食盒，往後院運送食品。此時明月已升空，院中有婦女五人及幼童二，倚牆望月，相互呼應。後院遊廊盡處，起一高閣，閣分三層，前接露台。閣內有十七位

二、宋以後中秋風俗

此可分兩方面，一為沿襲自宋者，二為宋中秋風俗轉化者。

（一）宋代中秋風俗之沿革

1. 賞　月

宋以後賞月之風成型，並有擴大的趨勢。張岱在〈虎丘八月半〉將虎丘一地賞月由天暝、月上、更深、二鼓、三鼓逐次描述，極為詳盡。明永樂時，一年中秋，成祖在宮中開宴，雲蔽月光，成祖大為不悅，解縉立即口占〈落梅風〉一首，成祖閱後頓覺暢快，可見明時中秋佳節已極普遍而重要。

清以後，以歲首、端午、中秋，並一年之中三節。〈十二月令圖〉的八月景，寫中秋賞月，〔註72〕情景與《東京夢華錄》中「臨軒玩月，或開廣榭，玳筵羅前，琴瑟鏗鏘，酌酒清歌，以卜竟夕之歡」頗為相似。另外如冷枚〈賞月圖〉、黃邦達〈畫中秋帖子詩意〉等畫作，均以中秋賞月為題材；小說亦不乏以中秋為素材者，如《紅樓夢》七十五、七十六回描寫賈府中秋賞月〔註73〕即為一例。

明時婦女有中秋歸寧之俗，《帝京景物略》云：

> 八月十五日女歸寧，是日返其夫家，曰團圓節。〔註74〕

則為《夢梁錄》「安排家宴，團圓子女，以酬佳節」的承襲。

拜月祈福的儀式乃在，稱「拜月娘」。潮州中秋拜月娘且用馨香素燭，雖無月娘廟，却有月娘神像。神像係木雕軟身，鳳冠霞披，坐於輦上，迨與神話中「嫦娥為后羿妻」有關。此像平時附供於他廟，至中秋夜方輿之出廟，導以柔和之音樂，遊行各街巷，婦女每執香於門首迎候。〔註75〕東莞婦女拜月常以午飯，桌上供芋、月餅、水果之類；此外又有粉、胭脂，以為月娘歆

女士吹彈樂器助興，閣外露台有六位文士賞月，橫設一長棹羅列酒食，五小僮侍酒，其中兩位文士位於露台之前，以相對吟詠賦詩。前後院落均植桂樹。遊廊近處處種植雞冠花，雞冠花為北平人家祀月祭品之一。

〔註72〕《紅樓夢》七十五回寫道：「嘉蔭堂月台上，焚著斗香，秉著燭，陳設著瓜果月餅等物……真是月明燈彩，晶艷氤氳，不可名狀。地下鋪著拜氈錦褥。賈母盥手上香，拜畢，於是大家拜過。」接著便開筵，全家入席，飲酒賞月，共慶團圓。文內所謂「斗香」，是用線香製成的方斗，大者寬約經尺，可層層高參達丈餘，望之巍然如寶塔，其上遍插鏤花小錦旗與紙紮人物鳥獸，從斗柱尖端焚起，直達下層。

〔註73〕同註46。

〔註74〕參見《民俗》三二期，收於《中山大學民俗週刊》19，頁6，民國17年10月。

〔註75〕前揭書頁16～26。

享後抹之，可以美容。〔註 76〕此種供設與儀俗都大同小異，唯寧波以八月十六為中秋，中庭陳設酒饌，賞玩達曙，異於他地。〔註 77〕台灣民間稱月神為太陰娘娘以禮月，並有太陰經〔註 78〕以誦念。

2. 賞　燈

賞燈風俗在今東莞、翁源、寧波等地仍盛行，也分為陸上及水中兩類。

中秋節前店舖售各色紙燈，如走馬燈、魚燈、爪燈等等。商店或家庭用長木和竹竿續成旗杆，高者十餘丈，矮者二三丈。初豎的時候，只懸國旗一幅，每晚點燈籠一二個，燒炮竹一二串，十三至十六日晚，每晚以燈籠結成「中秋佳景」、「一本萬利」、「天下太平」……等字樣，放烟花，鳴炮竹，比賽通霄。〔註 79〕

東莞陸上賞燈更有「遊耍樐」之戲，耍，美也；樐即禾樐，柚子，是東莞土語。從前的耍樐，是以柚子殼刻通花，燃著時非常美麗。現在的耍樐是紙製的，類似燈籠，上刻飛禽、走獸、人物、魚蝦等。東莞俗例：中秋節前外祖母需買寶塔〔註 80〕一個，耍樐若干個，送給外孫遊戲。

水中賞燈即放天燈，又稱放船燈、孔明燈，唯作法不同。寧波風俗用對開如缽之西瓜皮或削竹剚木製作船燈，上飾彩紙、綾絹、鮮花和小錦帆，內燃多支紅燭，中秋夕放於江中，緩緩隨流飄去。每家出數十盞，往往聚至數千萬盞，載沉載浮，火光閃爍。〔註 81〕東莞及翁源放船燈以紙製成毬形，下半罩以鐵絲網，用油浸透的紙塞入燈內，燃著後漸上雲表，俟油紙燃盡，然後掉下。

3. 吃月餅

月餅至明代始盛，明人著作時附有月餅的記載。如《帝京景物略》：

八月十五日祭月，祭月之餅必圓，有徑二尺者，迨取團圓之義。

〔註 82〕

〔註 76〕參見《北京大學民俗叢書》一〇九期，頁 84～92。

〔註 77〕參見沈平山《中國神明概論》頁 83，台北，新文豐出版社，民國 68 年 4 月；及鍾華操《台灣地區神明的由來》頁 29～30。台北，台灣省文獻委員會，民國 68 年 6 月。

〔註 78〕同註 74 書，頁 22。

〔註 79〕寶塔是載物的罌子，畫上一層紅朱，再畫上花果人物。

〔註 80〕同註 74。

〔註 81〕同前註。

〔註 82〕另外，上海有「團圓月餅」，重達幾十斤。寧波有「賽月餅」，親友間互相饋遺月餅，做賀節禮品，月餅外形內質都力求精緻，有大至直徑三、四尺，厚

台灣有「爭奪狀元餅」之俗。《台灣通史‧風俗志》載：

> 八月十五日謂之中秋。……陳列古玩，士子遞爲讌飲，裝月餅。硃
> 書玩字，攪四紅奪之，以取秋闈奪元之兆。

此種習俗在漳州、泉州、廈門、金門等地稱「賭狀元餅」或「月餅會」，《歲時叢話》以爲台灣「奪狀元之餅」當由福建傳來。狀元餅是一副一副的，大大小小共六十三個，依次爲狀元餅一個，如臉盆般大，其他越來越小，爲榜眼餅、探花餅各一個，會元餅四個，進士餅八個，舉人餅十六個，秀才餅三十二個。把餅放在大桌子上，大家圍著擲骰子，各就點數決定競奪狀元餅的勝負。然而習俗流變的結果，這種爭奪狀元餅的娛樂，已嬗變爲中秋街頭的賭博行爲。〔註83〕

　　與月餅有關的傳說三，一爲廣爲流傳的中原漢族反抗蒙古人，以月餅傳遞革命消息之說；一爲元末明初劉伯溫以月餅傳消息，使各州縣於八月十五日懸掛明旗，嚇退元兵之說，二者均以反抗暴政爲主題。另一則與乾隆有關。據聞乾隆生日在八月十三，與中秋節極爲接近，因此中秋慶典比其他節日熱鬧。清宮膳檔記載，每年八月十五日，內膳房就專差送「萬歲爺供月大餅一個，重十斤；三斤重月餅兩個，賞人用二寸月餅一五○個」至熱河行宮。到了除夕夜，乾隆才將十斤重月餅分賞給阿哥和公主們。這項儀式，顯然具有慶賀一年到底，全家團圓無恙的意義在內。

（二）宋代中秋風俗之轉化

　　宋以後中秋風俗之轉化可由三方面看，即飲食、祀神及迷信。

1. 飲　食

　　中秋賞月、拜月用的飲食，除月餅外，有桂花膏、白糖餅、餅團、酥油餅、月光餅、豬仔、芋、落花生、柚子、香蕉、柿子、菱角、鴨等等，以應時食物爲主，名目繁多。潮州吃芋有反沙和魚頭芋之分，〔註84〕且有一段傳

　　至四、五寸者，上塑月宮桂殿、蟾蜍兔杵，或吳剛伐桂、嫦娥竊藥等，親友間互相比賽，戲定勝負。

〔註83〕反沙是甜芋。作法將皮剝淨，切成整齊的小塊，入油鍋煎之至熟，取出，入白糖於鍋中煮至將凝結，然後將芋入拌之，結成冰塊，謂之反沙。亦有和魚頭煮之，調以鹹味食者，謂之魚頭芋。

〔註84〕此據吳文彬〈中秋賞月〉，參考《故宮文物》五五期，頁101。此外，《燕京歲時記》稱：「每屆中秋，市人之巧者，用黃土摶成蟾兔之像以出售，謂之兔兒爺。有衣冠而張蓋者，有甲胄而帶纛旗者，有騎虎者，有默坐者，大者三尺，

說，相傳在明亡、清主中國之初，滿州人橫行，五家漢人必須合力供養一個滿人，漢人痛心疾首，密謀革命，於饅頭中藏八月十五夜殺滿人的通告，分送鄰里。後來以芋頭拜月，取其像人頭，以資紀念。

2. 祀　神

宋以後的祀神，轉化自拜月者，有兔兒爺、月光馬兒、月華、月老等。

兔兒爺是專供小孩玩耍的玩具，並作祭拜用。通常在八月初就開始賣，越近中秋越便宜。兔兒爺面部人化，金甲金盔，蛋臉兒有白有紅，三瓣嘴，頭上插兩個大脊兒，代表耳朵，右手拿一具搗藥杵。腳下有時襯以花朵、湖石，有時代以坐騎，坐騎是虎、象、獅等。兔兒爺的作法是先用膠泥黏土，再用舊式毛頭紙、廢帳本搗成紙漿，混入黏土，塑造兔兒爺形象，兩隻耳朵另外塑，事後拼裝。經過整修晾乾後，塗一層漆陰乾。再據以翻模製范，范亦用混入紙漿黏土製作，多以前後兩塊范製成兩半，然後再拼合為整體，經過修飾陰乾，上彩描金，最後上一遍桐油即告完成。〔註85〕

兔兒爺雖然在中秋夜供養，但是中秋過後仍不免淪為兒童玩物，與其他神像高踞神龕之上大有分別。有時甚至在應節戲中穿插一角，在戲台上受嘲弄，〔註86〕戲謔成分高於供養。

月光馬兒即月光神禡，流行於北平。以紙或木板印做月宮圖像，大的成丈，小的也有二、三尺高，圖中有廣寒宮和玉兔搗藥，中立嫦娥。於中秋前數日即開始發賣。神禡設立於月出方向，中秋夜供拜。〔註87〕

拜月華之說，出於馮應京《月令廣義》：

> 月之華有常出於中秋夜，或前後十三至十八夜。月華之狀如錦雲捧珠，五色鮮瑩磊落，匝月如刺繡。華盛之時，其月如金盤，枯赤而光彩不朗，移時始散。或誤以月暈為華，非也。〔註88〕

相傳家中若有小孩生病，中秋拜月華可望痊癒。

小者尺餘，其餘匠藝工人，無美不備，蓋亦謔而虐矣。」《清稗類鈔》亦稱：「中秋日，京師以泥塑兔神，兔面人身，面貼金泥，身施彩繪，巨者高三四尺，值近萬錢，貴冑巨室多購歸，以香花餅果供養之，禁中亦然。」

〔註85〕 參見《歲時叢話》頁208，收於《北京大學民俗叢書》冊一○三。
〔註86〕 參見簡松村〈皎皎明月話中秋〉，《故宮文物》十八期，頁124，民國73年9月。
〔註87〕 錄自《新增月日紀古》卷之八下，收於《歲時習俗資料彙編》冊二六，頁2838。
〔註88〕 參見劉枝萬《台灣民間風俗與信仰》頁97。台北，聯經出版事業有限公司，民國73年一版。

　　八月十五日也是月下老人誕辰，家有未婚男女的父母，常於中秋節夜在月下焚香燃燭，乞求月老為孩子撮合，又許下禮餅、和鞋、和盒，取合諧、合和之諧音。鞋、盒均用紙製成，待結婚後即焚燒以酬神。

　　除了這些以月為主的祀神外，拜月活動在流傳過程中，民間又添加了需要祭拜的神明，如祖祠、灶君、觀音、八仙、附近社廟、財神等。但是如財神已淪為中秋聚賭的信號，祭拜意義甚微。〔註89〕

3. 迷　信

　　有關中秋的迷信可大分為二類，即問卜與降仙。

（1）問　卜

　　台灣中秋之夕，有從聽到的聲音來占卜好壞的慣習。《台灣通史·風俗志》載中秋行事：

　　　　夜深，婦女聽香，以卜休咎。

以「聽香」略同於《聊齋志異》中「益都聽鏡」，香與鏡只是法器，其實兩者都是「聽口彩」。中秋夜，家人如果要卜某事休咎，多由婦女在神前點香禱告，再要求神明指點方向，然後拈香出門。凡在路上聽到的談話、歌唱、相罵……，都可以就此卜測所問的事，就地用杯筊問神明是或不是，如果不是，就再向原方向行去，再聽聲音，直到可以決斷為止。朱鋒認為台北、台南等地的聽香俗行，是在元宵和中秋夜裡十二時開始，婦女在廳堂上焚香求神，說明請求之事，再擲筊請示方向，然後循此方向步行前進，靜聽人言，再回到廳堂擲筊求以示那一句話為準。〔註90〕

　　聽香、聽鏡等問卜習慣，不知是否與《荊楚歲時記》中秋祀擲筊以卜的俗行有關？此由於文獻不足徵，可待來日研究。唯此類聽口彩的問卜行為，應該不單是迷信，還有較深刻的意義在內。如占卜時以明鏡，鏡子能照明，善惡諸般現象在鏡子之中顯現，古時喻廉吏為「明鏡高懸」，便是此意。其中更合占卜者本身自鑑意識形態是否嚴正，而嚴正與否繫於占卜結果的休咎，蘊含善惡終須報的道理。

（2）降　仙

　　降仙名目很多，有迷童子、請掃把神、抬頭神、伏仙姑、籃神、箸神、

〔註89〕引自註85書，頁219。
〔註90〕參見禺民〈翁源的中秋節〉，收於《中山大學民俗週刊》六，頁44，民國17年12月版。

桌神、迷蟑螂、降八仙、降蟾蜍、上天堂、落地獄等等，扮演降仙者類似乩童，在神志恍惚時等待神降，並有咒語。今舉其大者爲例。

a、豺七姑星：作假人，飾以衣服，扶之搖動，唱請神歌。七姑娘來時，假人會點頭。那時就自報姓名問所欲卜之事，先言判斷法，而數其點頭數以卜吉凶。行於翁源。〔註91〕

b、伏仙姑：婦女沐浴潔淨，置一桌於月下或廳中，供以清香酒果等。又另以清水一碗置桌旁。陳列畢，即令該女坐於桌旁，以首枕桌，燃線香一支，插於該女髮上。另一女坐於桌旁，誦迷魂請神訣及迷魂歌，誦一篇焚紙錢數頁，直誦至該女熟睡爲止。倘請到仙姑降身時，即引領該女靈魂遊玩天宮或地獄。時該女或品評天堂景緻，或言地獄痛苦。待仙姑引其遊畢，以清水噴臉即醒。流行於梅縣、東莞等地。〔註92〕

c、降八仙：成隊男女，沐浴潔淨，臥於月下地上，以香水四週灑過，然後置香爐、酒、茶、果品等於枕旁供奉，置水一碗於足下。另一男子口誦降仙文，每繞一迴，燒紙錢數頁，大約誦三百遍左右，該男子已熟睡。旁人即問：「師父是文仙或是武仙？」若說是文仙，則備紙、墨、沙、托盒、機筆。男子即起立，隨寫隨唱。倘說是武仙，則預備鎗、刀、矛、叉等，問他先比何種武器，如果問至他歡喜的，他即點頭應允，大展雄才。演畢以清水一口噴臉即醒。盛行於東莞、翁源等地。〔註93〕

d、迷蟑螂：此專屬小孩遊戲。用一人伏在地上扮作蟑螂王，另數人持香火，站在旁邊念咒。迷成以後，扮蟑螂王的小孩會像蟑螂一樣亂撞亂跳，追逐同伴，有時撞在牆上而致頭破血流，也不知不痛。清水一噴即醒。

以上問卜、降仙等迷信，也許所信仰的神祇是子虛烏有，儀式不合理性，但是都架構在不可驗證的預設上，滿足人類生存的本能，對科學理性等方法未能找到解答的地方提供解答。

中秋風俗傳說奠基於唐，發揚於宋，至後世成爲民間信仰。論其流變有以下特點：

〔註91〕參見余捷慶〈梅縣一種中秋節的風俗－伏仙姑〉，收於《中山大學民俗週刊》十，頁25～27，民國18年9月；及容媛〈東莞中秋節風俗談〉，收於《民俗》三二期，頁19～21，民國17年10月。

〔註92〕參見前揭容媛書。

〔註93〕參見容肇祖〈中秋的起源和唐代的傳說〉，《民俗》三二期，頁2～5，民國17年10月。

1. 保留文化遺產：中秋風俗由唐代宮廷貴冑、兩宋市井氣息下降至民間社會，保持在社會血脈裡，形成共同的規範。

2. 功利色彩逐漸濃厚：唐、宋中秋以娛樂爲主，間有求神、博奕而爲數不多，成爲民間信仰後，愈重視社會生存的經驗。最明顯的現象是降仙等風俗，使道德成爲契約式的相對關係，失去了自律的純粹性，以道德作爲善惡報應的考慮，用來趨利避害。

3. 在流傳過程中，月神稱謂被賦予民間宗教的含義，如太陰星君、月老等；職司也有所改變，從神話之掌理月宮，進一步司人間禍福、婦人妍醜，甚至兒女姻緣，反映民俗心理。

4. 八月十五各類仙道傳說，尤其唐代濃厚的仙道思想滲入風俗，而使中秋風俗則具文學色彩，如容肇祖便認爲降仙風俗可能來自明皇遊月宮傳說。而且他傳說如吳剛伐桂、文士遊月等，則隨時代遞移衍化爲小說、民間故事中之月宮故事，成爲同系統故事的主題衍變。

第七章　結　論

　　月宮故事源自初民對月亮盈虧和月中陰影的想像，由神話、傳說、小說、民間故事進而探入中秋風俗，其影響如同水銀瀉地，無孔不入。經由以上數章研討，可得如下結論：

　　一、月宮神話可由邊緣尋得二線索，一是神話中諸月神與嫦娥之關係，此關係大抵由語言訛誤造成，成為嫦娥神話肇因；二是〈天問〉「夜光何德，死則又育？厥利維何，而顧菟在腹？」之疑問為月中之物所本，由此產生月兔、月虎、月蟾諸異說。將之置於民族學、生物學、人類學、醫學等領域考察，得知月蟾、月兔神話並非中國獨有，且因生物特徵、醫藥上作用及信仰而具不死、再生意涵，與奔月神話結合。其次由中心考察奔月神話，恆娥以避諱之故衍為嫦娥，上承常羲神話，整合月宮神話，下啓月宮傳說、小說及民間故事。而且本身經歷數次演變：〈歸藏〉舊文是其一，西王母極不死藥為嫦娥奔月之憑藉；《淮南子·覽冥訓》是其二，加入射日的羿神話，使嫦娥神話成為羿神話的分結構；《靈憲》所載是其三，保留原本架構外在加入占卦及變為蟾蜍二情節。由此月宮神話整合完成，涵蘊圖騰信仰、泛靈信仰、圓形時間觀，以變形為基點，將月宮神話的其他要素融入其中，從漢畫可見端倪。

　　二、月宮故事由神話敷演為其他敘事文體時，常因傳播方式與傳播對象之不同，使故事呈現不同面貌。小說為放懷落紙的文人文學，民間故事為口傳心授的民間文學，傳播方式一以文字，一以語言；傳播對象一為有基礎文學素養的羣眾，一為廣大社會階層，傳播者因預存立場之異詮釋、變衍月宮故事，其差別可由形式及內容窺之：以形式而言，小說使用想像、用典、投射等表現手法，用歷史和神話的經緯交錯顯露藝術心靈綺謠紛披的美麗，使

閱聽人沉酣其中，典故運用熟絡而少創發；民間故事使用擬人、對比等表現手法，語言特色乾淨俐落、單純流暢、質而不俚、素樸平易，典故運用活潑而多創意。以內容而言，小說依主題可分后羿嫦娥型、果報謫仙型、夢中樂園型、典故運用型四類，多延續神話基型；民間故事依主題可分地方風物型、日月代序型、月中陰影型三類，月中陰影型為數最多，下分月中美女、月中男子、綜合式三子目，與神話、傳說有系統上連屬而具民族、鄉土、和合等特色。詮釋是一種改寫，在此得到證明。

　　三、月宮故事從神話、傳說、小說到民間故事的流衍過程中，產生量變與質變。量變指角色稱謂和情節變異，以角色稱謂變異而言，神話中月裡女仙為恆娥、姮娥或嫦娥，且僅有一人掌理月宮；小說月中女仙增加素娥、太陰星君，且人數眾多，有主神、副神之分；民間故事嫦娥漸隱，代以仙姑、仙女或月亮仙子之稱，更有凡人成仙，人數不一。月中男仙從傳說定型，至民間故事也增加半人半仙及凡人為仙之例。以情節變異而言，嫦娥奔月在傳說中轉化為明皇、道士遊月，下啟民間故事遊月情節；並在小說裏分化為嫦娥謫降及奔月情節，以為民間故事月中仙女救世及凡女至月宮前導。質變可分外延的質變與內延的質變二關目，外延的質變由主要角色性情變異、主題變異、時空背景變異及形式變異見之；故事無限衍義、生命情調的抉擇、社會人文的影像、模範讀者的設定管窺之。可以驗證譚達先謂民間故事「往往是首先漸起量變，最後終至於質變」的理論，同時月宮故事的質變也說明了符號無法保持中立而與文化歷史無涉，必須將之歸源於背景時空，尤其要歸源於語言在社會多層次的文化體系中多向性的互涉，才可以了解故事的虛虛實實，即所謂不黏不沾性。

　　四、月宮故事除了長期影響文學外，並影響中秋風俗，今民間中秋節普遍祭拜嫦娥即為明證。論中秋風俗之起源，概源於拜月及秋祀習俗。中秋之為大眾認識，而且確定為八月十五日，當在唐以後，自此漸由宮廷貴冑者普及至平民百姓。有唐關於月宮及八月十五日的仙道傳說為節日衍變賦予新意，而重新獲得肯定與支持，並對其他敘事文體造成影響，可大分為月桂傳說、唐明皇遊月宮及其他遊月傳說，以唐明皇遊月宮為主要掌故。宋代中秋風俗市民色彩強烈，後世踵事增華，更具規模，論中秋風俗流變特點，則保留文化遺產、著重功利色彩、滲入仙道傳說為其要旨，而月神稱謂及職司的改變尤其重要。其稱謂被賦予民間宗教的含義，如月老等，職司從神話之掌

理月宮，進一步司人間禍福、婦女妍醜、兒女姻緣等，反映民俗心理。

　　「嚶其鳴矣，求其友聲」，成稿在即，瞻彼前修，熱切希望學者方家給予心援筆援，以攻石錯。

參考書目

一、

1. 《詩經》，藝文印書館，民國 68 年七版。
2. 《周禮》，藝文印書館，民國 68 年七版。
3. 《論語》，藝文印書館，民國 68 年七版。
4. 《禮記》，藝文印書館，民國 68 年七版。
5. 《孟子》，藝文印書館，民國 68 年七版。
6. 《左傳》，藝文印書館，民國 68 年七版。
7. 《史記》，司馬遷，藝文印書館。
8. 《通志》，鄭樵，新興書局，民國 52 年版。
9. 《呂氏春秋集釋等五書》，呂不韋撰，高誘注，世界書局，民國 50 年初版。
10. 《楚辭四種》，王逸等，華正書局，民國 67 年初版。
11. 《山帶閣注楚辭》，蔣驥，長安出版社，民國 73 年 9 月初版。
12. 《楚辭補注》，洪興祖，長安出版社，民國 73 年 9 月初版。
13. 《穆天子傳》，郭樸，古今文化出版社，民國 52 年版。
14. 《漢武故事》，班固，商務印書館。
15. 《漢武帝內傳》，班固，商務印書館。
16. 《靈憲》，張衡，百部叢書集成初編之三八部：問經堂叢書第六函。
17. 《搜神記》，干寶，鼎文書局，民國 67 年初版。
18. 《龍城錄》，柳宗元，民國 56 年再版。
19. 《酉陽雜俎》，段成式，源流出版社，民國 71 年初版。
20. 《本草綱目》，李時珍，鼎文書局，民國 72 年初版。

21. 《文選》，蕭統編，李善注，華正書局，民國 71 年版。
22. 《全上古三代秦漢六朝文》，嚴可均編，世界書局，民國 58 年三版。
23. 《說文解字通釋》，許慎撰，徐鍇注，文海出版社，民國 51 年版。
24. 《開元天寶遺事》，王仁裕，新文豐出版公司，民國 74 年初版。

二

1. 《東京夢華錄外四種》，孟元老等，大立出版社。
2. 《歲時習俗資料彙編》，藝文印書館，民國 59 年初版。
3. 《荊楚歲時記》，宗懍。
4. 《歲時廣記》，陳元靚。
5. 《月令粹編》，秦嘉謨。
6. 《日涉編》，陳堦。
7. 《新增日月紀古》，蕭智漢。
8. 《古今類傳》，董穀士，董炳文。
9. 《醉翁談錄》，金盈之，商務印書館宛委別藏冊八。

三

1. 《開闢演義》，周游，天一出版社，民國 65 年。
2. 《七十二朝人物演義》，明清善本小說叢刊初編冊十。
3. 《神仙鑒》，徐道，中國哲學思想要籍叢編冊八，應文書局。
4. 《女仙外史》，呂熊，罕本中國通俗小說從刊第五輯，天一出版社，民國 65 年。
5. 《月球殖民地小說》，廣文書局。
6. 《西遊記》，吳承恩，通行本。
7. 《聊齋誌異》，蒲松齡，里仁書局，民國 69 年 12 月初版。
8. 《紅樓夢》，曹雪芹，里仁書局，民國 73 年 4 月初版。
9. 《故事新編》，魯迅，風雲時代出版公司，民國 78 年 10 月初版。

四

1. 《北京大學民俗叢書》，東方文化書局複印本。
　　第十一冊，《台灣民間故事》，婁子匡，民國 58 年。
　　第十二冊，《動物寓言與植物傳說》，林蘭、江介石，民國 58 年。

第九一冊，《中國神話雜誌》，燕冰，民國 62 年。

第九六冊，《十二生肖故事》，婁子匡，民國 62 年。

第九九冊，《福建故事》，謝雲聲，民國 62 年。

第一五八冊，《西南民間故事》，宋哲。

第一〇三冊，《歲時叢話》，婁子匡，民國 62 年。

第一〇九冊，《寧波習俗叢談》，張行周，民國 62 年。

《北京大學民俗叢書專號 2》，蕭甘牛，民國 62 年。

2. 《中山大學民俗周刊》，東方文化書局複印本。

第六冊。

第十八冊。

第十冊。

第十九冊。

3. 《中國民間故事全集》，陳慶浩、王秋桂編，遠流出版事業股份有限公司，1989 年 6 月初版。

第八冊，《雲南民間故事》。

第九冊，《雲南民間故事》。

第十三冊，《貴州民間故事》。

第十四冊，《貴州民間故事》。

第三二冊，《黑龍江民間故事》。

第三三冊，《吉林民間故事》。

第三六冊，《蒙古民間故事》。

五

1. 《漢代畫像石》，丹青圖書有限公司，民國 75 年台一版。

2. 《徐州漢畫像石》，江蘇美術出版社，1985 年一版。

3. 《四川漢代畫像石》，高文，巴蜀書社，1987 年一版。

4. 《長沙馬五推一號漢墓》，北京文物出版社，1973 年一版。

5. 《圖騰藝術史》，岑家梧，駱駝出版社，民國 76 年版。

6. 《中國古代社會史》，李宗侗，台灣中華文化出版事業委員會，民國 43 年初版。

7. 《中國青銅時代》，張光直，聯經出版事業公司，民國 76 年初版。

8. 《中國古史的傳說時代》，徐炳昶，地平線出版社，民國 67 年初版。

9. 《中國史前史話》，徐亮之，亞洲出版事業有限公司，民國 45 年初版。

10. 《古史辨第》七冊，楊寬等，藍燈文化事業有限公司，民國 76 年初版。

11. 《漢唐史論叢》，傅樂成，聯經出版事業公司，民國 64 年初版。

12. 《唐代舞蹈》，歐陽予倩，民國 74 年初版。

13. 《全唐詩中的樂舞資料》，歐陽予倩，民國 74 年初版。

14. 《中國文史地圖》，里仁書局。民國 73 年初版。

六

1. 《屈原賦校注》，姜亮夫，文光圖書有限公司。

2. 《天問正簡》，蘇雪林，長安出版社，民國 73 年初版。

3. 《古典新義》，聞一多，北京中華書局，1983 年初版。

4. 《山海經校注》，袁珂，里仁書局，民國 71 年初版。

5. 《古神話選釋》，長安出版社，民國 73 年再版。

6. 《中國神話傳說の研究》，出石誠彥，中央公論社。

7. 《崑崙文化與不死觀念》，杜而未，學生書局，民國 74 年三版。

8. 《山海精神話系統》，杜而未，學生書局，民國 73 年四版。

9. 《老子的月神宗教》，杜而未，學生書局，民國 73 年再版。

10. 《神話‧愛情‧詩》，沈謙，尚友出版社，民國 72 年初版。

11. 《神話論文集》，袁珂，漢京文化事業有限公司，民國 76 年初版。

12. 《中國古代神話甲編三種》，譚達先等，里仁書局，民國 71 年。

13. 《中國的神話與傳說》，王孝廉，聯經出版事業公司，民國 66 年初版。

14. 《神話論》，林惠祥，商務印書館，民國 68 年台三版。

15. 《諸神的起源》，何新，木鐸出版社，民國 76 年初版。

16. 《中國的神話世界》，王孝廉，時報文化事業有限公司，民國 75 年初版。

17. 《中國神話第一集》，袁珂，中國民間文藝出版社，1985 年 6 月一版。

18. 《黃帝的傳說》，森安太郎著，王孝廉譯，時報文化事業有限公司，民國 72 年初版。

19. 《從比較神話到文學》，古添洪、陳惠樺，東大圖書公司，民國 77 年再版。

20. 《漢鏡所反映的神話傳說與神仙思想》，張金儀，國立故宮博物院，民國 78 年初版。

21. 《神話即文學》，陳炳良等譯，東大圖書公司，民國 79 年初版。

22. 《中國古代宗教初探》，朱天順，麥芽文化。

23. 《道教與中國文化》，葛兆光，上海人民出版社，1984 年一版。

24. 《中國社會與宗教》，鄭志明，學生書局，民國 75 年初版。

25. 《中國小說史》，范煙橋，漢京文化事業有限公司，民國 72 年初版。

26. 《中國小說史》，孟瑤，傳記文學出版社，民國 69 年再版。

27. 《魏晉南北朝小說》，劉葉秋，木鐸出版社，民國 72 年初版。

28. 《古典小說散論》，樂蘅軍，純文學出版社，民國 72 年初版。

29. 《小說見聞錄》，戴不凡，木鐸出版社，民國 72 年初版。

30. 《中國小說美學》，葉朗，里仁書局，民國 76 年初版。

31. 《紅樓夢藝術論》，王國維等，里仁書局，民國 73 年初版。

32. 《六朝隋唐仙道類小說研究》，李豐楙，學生書局，民國 75 年初版。

33. 《五十年來的中國俗文學》，婁子匡、朱介凡，正中書局，民國 56 年台三版。

34. 《中國民間文學概論》譚達先，木鐸出版社，民國 72 年初版。

35. 《民間文學論集》，鍾敬文，上海文藝出版社，1985 年第一版。

36. 《說俗文學》，曾永義，聯經出版事業公司，民國 73 年版。

37. 《牛郎織女研究》，洪淑苓，學生書局，民國 77 年初版。。

38. 《中國文學發展史》，劉大杰，華正書局，民國 66 年初版。

39. 《文藝心理學》，朱光潛，台灣開明書店，民國 77 年再版。

40. 《分析文學》，陳啓佑，東大圖書公司，民國 69 年初版。

41. 《台灣民間風俗與信仰》，劉枝萬，聯經出版事業公司，民國 73 年版。

42. 《台灣舊慣習俗信仰》，鈴木青一郎著，馮作民譯，眾文圖書公司，民國 76 年初版。

43. 《歷代社會風俗事物考》，尚秉和，商務印書館。

44. 《中華全國風俗誌》，胡樸安，大達圖書公司，民國 25 年初版。

45. 《中國古代節日風俗》，郭興文、韓養民，博遠出版有限公司，民國 78 年初版。

46. 《神話與節日》，馮兆偉，希代出版社，民國 73 年初版。

七

1. 《文化人類學》，林惠祥，商務印書館，民國 70 年台七版。

2. 《人論》，卡西勒，結構羣，民國 78 年初版。

3. 《野性的思維》，李維史特勞斯，聯經出版事業公司，民國 78 年初版。

4. 《符號：語言與藝術》，俞建章、葉舒憲，上海人民出版社，1988 年一版。

5. 《記號詩學》，古添洪，東大圖書公司，民國 73 年初版。

6. 《隱喻和現實》，威爾賴特，上海人民出版社，1968 年版。

7. 《兒童心理學》，皮亞傑，唐山出版社，民國 76 年初版。

8. 《人類及其象徵》，容格等著，黎惟東譯，好時年出版社，民國 73 年再版。

9. 《新時代哲學的信念與方法》，劉述先，商務印書館，民國 69 年初版。

10. 《純粹理性批判》，牟宗三，學生書局，民國 73 年初版。

11. 《現象學與文學批評》，鄭樹森，東大圖書公司，民國 73 年初版。

12. 《存在主義》，陳鼓應，商務印書館民國 69 年版。

13. 《存在主義透視》，鄭昆如，黎明文化事業公司，民國 66 年在版。

14. 《悲愴與詩意──結構主義作品分析》，安德烈·尼耶著，萬盛譯，湖南人民出版社，1988 年一版。

15. 《中國小說敘事模式的轉變》，陳平原，上海人民出版社，1988 年一版。

16. 《結構主義與中國文學》，周英雄，東大圖書公司，民國 72 年初版。

17. 《大眾傳播理論》，徐佳士，正中書局，民國 66 年台初版。

18. 《文化與傳播「世界村」裏的溝通問題》，汪琪，國立政治大學新聞研究所，民國 71 年初版。

19. 《大眾傳播理論》，李茂政，美國教育出版社，民國 77 年初版。

20. 《社會學方法論》，陳秉璋，環球書局，民國 77 年初版。

21. 《比較文學理論與實踐》，張漢良，東大圖書公司，民國 75 年初版。

22. 《主題學研究論文集》，陳鵬翔，東大圖書公司，民國 72 年初版。

八

1. 《白蛇故事研究》，潘江東，民國 67 年文化碩士論文。

2. 《孟姜女故事研究》，楊振良，民國 72 年師大碩士論文。

3. 《楚辭神話之分類及其相關神話之研究》，宣釘奎，民國 72 年台大碩士論文。

4. 《中國古代神話中的悲劇英雄》，金善子，民國 74 年台大碩士論文。

5. 《佛家地獄說研究》，丁敏，民國 70 年政大碩士論文。

6. 《女仙外史研究》，顏美娟，民國 75 年東海碩士論文。

7. 《唐詩中月神話運用之研究》，李艷梅，民國 78 年輔大碩士論文。

九

1. 《日月神話初探》，屈育德，民間文學論壇 1986 年五期。

2. 《日月神名又爲古官名的討論，容肇祖，中山大學民俗週刊二十。

3. 《月中兔探源》，尹榮芳，民間文學論壇 1988 年 3 月。

4. 《月亮青蛙》，A. H. 、Krappe，民俗五一卷一期。

5. 《壯族的螞拐和螞拐歌》，周作秋，民間文學 1986 年六期。

6. 《后羿考辨》，王從仁，中州學刊 1988 年五期。

7. 《嫦娥神話面面觀》，龔維英，民間文學論壇 1987 年四期。

8. 《論月神嫦娥》，陳鈞，民間文學論壇 1986 年五期。

9. 《嫦娥奔月的象徵意義》，沈謙，中外文學十五卷三期。

10. 《中國創世神話之分析與古史研究》，張光直，中研院民族所集刊第八集。

11. 《試論神話與傳說的區別》，李子賢，山茶雜誌民國 73 年 3 月。

12. 《崑崙丘與西王母》，凌純聲，中研院民族所集刊二二期。

13. 《樂園神話與烏托邦》，張慧娟，中外文學十五卷三期。

14. 《火曆鈞沈》，龐樸，中國文化創刊號。

15. 《彝夏太陽曆五千年——從彝族十月太陽曆看夏小正原貌》，劉堯僅、陳久金、盧央，雲南社會科學 1983 年一期。

16. 《殷代的紀日法》，董作賓，台大文史哲學報第五期。

17. 《馬王推一號漢墓帛畫並無「嫦娥奔月」》，王伯敏，考古 1979 年三期。

18. 《甘肅彩陶的源流》，嚴文明，文物 1978 年 10 月。

19. 《馬王推帛畫與楚辭二則》，蕭兵，江蘇師院學報 1980 年一期。

20. 《閱讀傳說——神話的變衍式》，陳界華，中外文學十五卷三期。

21. 《不死的探求——從變化神話到神仙變化傳說》，李豐楙，中外文學十五卷五期。

22. 《談中國長篇小說的結構問題》，蒲安迪，文學評論第三期。

23. 《東西文學理論綜合初探》，劉若愚著，杜國清譯，現代文學復刊第四期。

24. 《皎皎明月話中秋》，簡松村，故宮文物十八期。

25. 《中秋賞月——十二月令圖中之八月景》，吳文彬，故宮文物五五期。

附　圖

西王母、羽人、蟾蜍、玉兔

（取自《徐州漢畫像石》，圖二五一）

敦煌六臂觀世音菩薩畫象所持爲日月寶珠

（取自金榮華〈敦煌多臂觀世音菩薩畫像所持日月寶珠之考察〉，

《大陸雜誌》）

郫縣石棺伏羲女媧

（取自《四川漢代畫像石》圖二四）

嫦娥奔月

（取自《漢代畫像石》頁 55）

長沙馬王堆一號漢墓帛畫「非衣」

（取自《馬王堆漢墓研究》）

日神與月神

（取自劉志遠等《四川漢代畫像磚與漢代社會》）

太陰娘娘

（太陰星君）（取自《臺灣民間宗教信仰》）